Par le Mis de Chennevières

ESSAI POLITIQUE

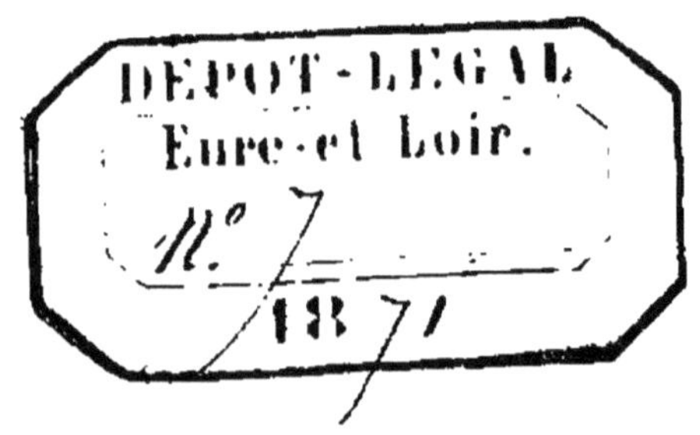

ESSAI
POLITIQUE

D'UN

COUSIN DE CHARLOTTE CORDAY

JUILLET 1869 — OCTOBRE 1870
FÉVRIER 1871

NOGENT-LE-ROTROU
IMPRIMERIE DE A. GOUVERNEUR

—

M DCCC LXXI

PRÉFACE.

Paris, 3 octobre 1870.

C'est en juillet 1869 que j'écrivais les pages décousues qui suivent, et qui dans leur incohésion, parfois leur contradiction, forment plutôt un groupe de sentiments qu'un traité politique, — livre de bonne foi, en tout cas, comme on disait jadis.

Un an et trois mois! que s'est-il donc passé en un an? ce que je relis là est si vieux qu'il semble que ce soient des commentaires sur un autre monde, une histoire ancienne, mais ancienne d'il y a deux siècles. Je me fais l'effet d'un curieux qui imprimerait, par respect de l'ancien temps, un manuscrit oublié de son arrière-aïeul.

Et c'est d'hier! il y a quelques centaines de jours, — peu de chose, en somme, dans un règne de 22 ans, — époque d'aventuriers si l'on veut, mais qui, le nuage de justes haines passé, nos ruines rapidement relevées, comptera, vous le verrez, dans l'histoire, parmi les règnes éclatants; et ceux, petits et grands, qui auront servi ce règne, seront estimés par les générations à venir comme des hommes d'une taille supérieure aux serviteurs du règne précédent; il en avait hérité tous ses mauvais germes et il les développa par sa puissante corruption jusqu'à une florescence longtemps éblouissante. Oui, ce sera pour les historiens nos neveux un règne à grand spectacle. Ce n'était point, paraît-il, de l'or à bon titre, — l'événement l'a trop prouvé. Il faut avouer du moins que la France durant quinze ans a bien relui aux yeux de l'Europe, et l'Europe elle-même s'y était méprise. Mais quoi! on ne connaît guères de règne commençant mal qui ait bien fini, et l'on sait par contre que les règnes fameux au début par leur prospérité et leur magnificence ont fini lamentablement : Charlemagne vit les premières barques des Normands remonter en éclaireurs les fleuves de son empire. Louis XIV connut Malplaquet ; Napoléon Ier connut Moscou et Waterloo. Auguste s'écriait, dans les insomnies amères de sa vieillesse : rends-moi mes légions, Varus !

Pour en revenir aux fragments de ce traité, je n'avais pas eu le temps de les relire et de les rejoindre, quand se produisit, aux approches des élections, un mouvement si rapide dans le sens de la décentralisation, qu'il me parut inutile de rajuster des phrases dont tant d'autres développaient plus éloquemment que moi le sens et les moyens. Nous avons tous cru, il y a six mois, que la décentralisation était faite et allait sortir tout armée et équipée du pauvre ministère d'alors et de la commission spéciale instituée par lui.

On sait ce qui est advenu : un jeu et une duperie. C'est affaire à reprendre sans une heure de retard par la France et avec d'autres gages de sincérité qu'il y a 6 mois. La décentralisation est la base inévitable et immédiate de la réorganisation de la France nouvelle. La France sera décentralisée dès demain, — ou après-demain elle ne sera plus. Aujourd'hui le salut et l'avenir de la France ne sont pas à Paris, mais dans la province. Dans le désastre qui nous écrase, ce qu'il importe ce n'est pas de refaire d'abord une patrie brillante, mais une patrie forte. La décentralisation peut seule nous retremper dans la vigueur de notre sol, nous rendre l'énergie du bon sang et les pratiques d'une vertu sensée et solide. C'est le vice et l'insolence fastueuse de Paris qui nous ont attiré l'invasion de ces affamés du Nord. Si l'affreuse guerre ravageuse, dont le feu va purifier notre pays, nous fait aussi pauvres que l'allemand qui nous dévaste, nous pouvons sortir de là par le renouvellement de notre pauvreté, supérieurs à nos vainqueurs, car notre sang et notre esprit sont plus nobles que les leurs. Cultivons avec simplicité la terre bénie qui nous fut donnée, rasseyons nos esprits dans la piété robuste de nos pères, chassons les fantômes malsains qui ont amolli notre raison, et nous nous retrouverons, avant un demi siècle, le peuple par qui Dieu agissait depuis mille ans, le premier peuple du monde.

J'ai imprimé ces feuillets pour la curiosité de quelques amis, et puis parce qu'il ne m'est pas prouvé que, malgré l'horrible épreuve subie, l'esprit de notre pauvre France, gâté si avant, et égaré si loin du vrai ne se retrouve demain ce qu'il était hier, en plein cahos de vanité et de discorde, — et aussi pour satisfaire à ma propre conscience, chaque honnête homme de notre temps devant protester selon ses forces contre la décomposition universelle et indiquer le remède à ceux qui l'entourent. Tout bon citoyen doit crier à la France : voilà par où tu péris ; va par là, et tu peux vivre encore, et qui sait ? — refleurir peut-être. — « La vérité, dit saint Jérôme, est contente du petit nombre de ceux qui l'aiment, et elle ne craint point la multitude de ceux qui l'attaquent. »

ESSAI POLITIQUE.

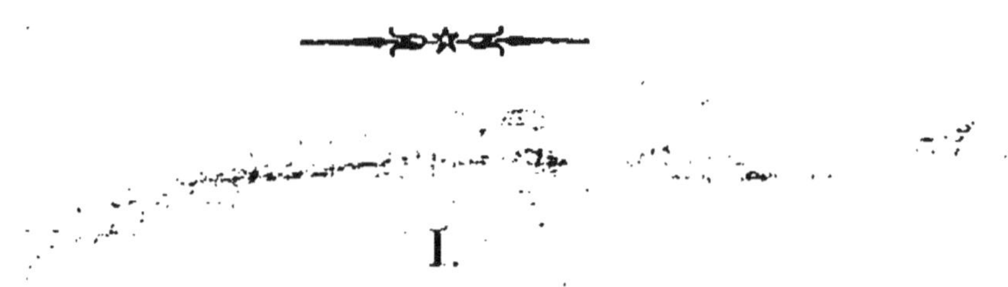

I.

Notre pays veut-il, oui ou non, arriver à la liberté? il faut qu'il en sache le chemin. Je dis le chemin, car il n'y en a pas deux, et ce chemin le mènera droit et sans détours à ce qu'il cherche, si toutefois notre pays cherche sincèrement la liberté, — j'entends la vraie liberté, la liberté pour tous.

Il est, en vérité, des jours où l'on en peut douter. La France, dont le génie semble littérairement si ennemi de la confusion, que, pour l'amour de la clarté, elle narguera la profondeur obscure des autres peuples, — la France, dès qu'il s'agit de cette liberté qu'elle réclame à tous les échos, avec une sorte d'entêtement enfantin, — la France n'a jamais voulu voir la barrière trop évidente qu'elle avait interposée, de ses mains, avec grand apparat, entre la liberté et elle-même, et que cette barrière, la centralisation, elle n'a qu'à l'écarter, et que ce jour-là elle marchera de plain-pied sur le terrain de la liberté; mais il lui en coûte de proclamer devant l'Europe que la centralisation qu'elle lui a proposée en modèle, elle, la prétendue libératrice des nations, n'est qu'un affreux mécanisme de servitude; — et ainsi elle préférera demeurer et se débattre dans une éternelle confusion, et s'imposer à elle-même vingt révolutions, et s'acheminer à grands pas vers la décadence, que confesser sa fatale erreur, et que de désillusionner l'Europe, dont les gouvernements à coup sûr ne demandent pas mieux que d'être armés, par le vœu même de leurs peuples, d'un si commode instrument de règne, patronné par la mode française.

Ainsi le Français, qui, à la fois, crie liberté! liberté! et se pâme devant la beauté des rouages de sa centralisation, est-il un peuple qui sache ce qu'il veut? — qui aime vraiment l'une, doit fatalement exécrer l'autre. La centralisation n'est autre chose que la servitude politique elle-même, dans son organisation la plus simple et la plus complète. Elle n'aurait jamais dû être, si elle fut jamais nécessaire, qu'un moyen passager de dictature. — Quant à la Liberté, elle est, par son essence même, synonyme de décentralisation.

Et voilà 80 ans que dure chez nous cette méprise. La France a fait, au nom de la liberté, la plus grande des révolutions politiques connues dans l'histoire, et elle n'a su trouver pour la faire que l'instrument le plus puissant et le plus naïf de l'esclavage ; et depuis 80 ans, le Français n'a pas su démêler sa déplorable erreur, et paye ainsi cruellement un certain goût hypocrite qu'il porte en lui pour le despotisme et pour l'écrasement égalitaire de ses concitoyens.

II.

Ce n'est pas moi qui condamnerai jamais les gouvernements. Ma conviction profonde est que tout gouvernement fait dès l'abord tout ce qu'il peut pour être le meilleur des gouvernements, et satisfaire le plus loyalement possible aux vœux et aux besoins de tout son peuple. En retour je crois que les gouvernants ne font pas leurs peuples, mais les peuples leurs gouvernants. Il n'est pas de gouvernement si terriblement fort, qu'il puisse empêcher son peuple de se débarrasser de lui, s'il est vraiment indigne de ce peuple; mais les faiblesses, les vices, et l'appétit naïf de corruption d'un peuple peuvent écœurer un gouvernement et lui insinuer, pour bien dire sans qu'il s'en doute, la tentation du mépris et l'habitude de la tyrannie.

« Dans le cours d'un long gouvernement, dit Montesquieu, on va au mal par une pente insensible, et on ne remonte au bien que par un effort. » — Il est juste de faire en cela la part de la nature humaine, qui invite les chefs d'un peuple à user des moyens de gouverner les plus commodes, même s'ils ne sont pas les plus nobles, car tout homme, fut-il prince, aime à simplifier peu à peu les fatigues et les obstacles de son métier, et peu à peu s'en irrite et les lime, s'il les trouve toujours durs à sa main. — Mais, en principe, les administrateurs d'un État sont tellement intéressés à son honneur et à sa prospérité, qu'il est, cent fois sur mille, plus équitable de s'en prendre au peuple lui-même qu'à ses chefs de cet honneur et de cette prospérité.

III.

J'ai été élevé dans le culte des rois honnêtes. J'ai gardé tard et jusqu'à ces dernières années une foi ferme dans les bienfaits de l'autorité absolue. Longtemps, longtemps j'ai été convaincu qu'un roi religieux et droit, confiant dans sa légitimité divine, ou même n'ayant comme tous les gouvernements que la bonne volonté du bien, était un meilleur guide destiné à de plus grandes choses qu'une assemblée souveraine vouée à toutes les mesquines querelles et jalousies humaines; j'ai cru aussi aux hiérarchies et aux aristocraties magnanimes, fondées sur le respect de la famille. J'ai cru que Dieu nous avait donné dans la famille le type du gouvernement des sociétés, mais j'entends par l'ordre de la famille celui qui va du père aux enfants, non celui qui va de frère à frère et que les animaux n'ont jamais connu; et je voyais dans le respect et la perpétuité les lois essentielles de l'État aussi bien que de la famille, et je voyais ainsi les nations marchant toujours aux grandes choses par le respect que chacun avait des siens. Mais aujourd'hui, je le confesse, il me semble voir plus clair dans la vérité en préférant, pour les nations multipliées et désharmonisées comme elles sont, des constitutions libérales et l'initiative de chaque citoyen sans contrainte et sans asservissement. De bonne foi je crois reconnaître que si les serviteurs des ordres de Louis XIV ont eu du grand dans leur sujétion, c'est que le restant des libertés provinciales leur avait conservé une attitude de noblesse, de confiance austère et religieuse, et de droiture naïve que nul souverain de notre temps ne peut espérer des hommes de son siècle.

Jadis, et naguères encore, même il y a vingt ans, on n'eut pu jamais s'imaginer qu'un souverain fût capable tout naturellement, et sans croire faire un affront cruel à son peuple, de voir en lui le pareil des Romains de la décadence, et de lui préparer un avenir en rapport avec cette navrante découverte. Que le plus doux, le plus flegmatique, le plus égal d'humeur, et le moins illusionné des pasteurs de peuples, déclare sans amertume, et plutôt par ses lois que par ses paroles, que les cœurs tout d'un coup et pour des siècles, et sans remède, sont tarés de mollesse, de servilisme, d'incrédulité, de corruption, d'abaissement de toute sorte, - comme ceux d'il y a deux mille ans, et qu'il les faut traiter en conséquence et qu'il n'est plus d'espoir de les ramener du temps des Césars au temps des Scipions, et qu'à cette nation sans ressort, il faut des proconsuls sans scrupules, et les verges des prétoriens, et du pain et des jeux, et renoncer à tout jamais aux miracles de l'héroïsme et de la foi : n'y a-t-il point là, vraiment, de quoi confondre ceux qui crurent assister, il y a un quart de siècle, à l'enfantement prodigieux d'un monde nouveau ?

IV.

Républicaine ou Cosaque.

On a toujours mal compris, selon moi, cette parole du premier empereur. On s'est imaginé qu'il voulait dire que si elle n'allait pas à la République, la France n'échapperait pas au joug des Russes. Son neveu, sans la commenter, l'a bien mieux entendue. Je me souviens que, dans ses *Idées napoléoniennes*, il fait profession de n'estimer et de n'admirer que deux formes de gouvernement, celle d'Amérique et celle de

Russie. Et il a raison : au point où en est venue la civilisation de l'Europe, il faut choisir entre la forme des États-Unis ou celle des Czars. — Nous avons, confiant en lui, penché, pour un temps, vers la forme russe; et la France, avec son inconstance géniale, en semble déjà fatiguée. M'est avis que le vent aujourd'hui souffle vers la démocratie de l'autre monde. Allons, Français, bon courage, que l'honnêteté démocratique, que l'indépendance chrétienne deviennent désormais ta mode. — La forme américaine, c'est la liberté fédéraliste.

V.

Aux peuples qui vivent de navigation et de grand commerce extérieur, paraissent seuls convenir les gouvernements aristocratiques ou républicains. Aux peuples de laboureurs et de pasteurs, c'est-à-dire qui vivent de la terre, la monarchie semble, d'ordinaire, le gouvernement naturel. Le commerce vit d'indépendance; l'initiative personnelle, active, audacieuse du trafiquant ne s'accommode point d'un maître ni d'une hiérarchie, et l'orgueil qui vient naturellement de la richesse souffre à peine des égaux, mais n'endure point le pouvoir absorbant d'un chef, ni les entraves hiérarchiques d'une cour. De toute éternité les grandes nations commerçantes, les cités phéniciennes, et Carthage, et Pise, et Florence, et Venise, et Gênes, et les industrieuses bourgeoisies de l'ancienne Flandres, et la Hollande, et l'Angleterre, et les États-Unis n'ont su vivre et fleurir que dans les agitations de la liberté. — Par contre, tant que l'Europe ne formera pas une immense république fédérative, on doit croire que la France, non plus que l'Espagne, la Prusse, la Russie, ne peut se passer du chef militaire qui la gouverne et l'enrégimente. En vain, de loin en loin, elle se dit républicaine et libérale; il y a apparence qu'elle se leurre, et n'aime au fond ni liberté, ni république, car les droits de l'homme qu'elle proclame bien haut, elle n'a jamais su qu'en faire, elle ne s'en soucierait vraiment que le jour où, malgré cet amour du loisir qui fait la force de sa pensée, elle s'adonnerait tout de bon au commerce et à la marine et au soin de ses côtes et de ses ports. Le Français a parfois des fureurs de jeu, qui pourraient faire croire à un penchant vers les chances aléatoires du commerce : nous l'avons vu aux temps de Law et dans ces dernières années ; mais c'est une manie qui n'est point jusqu'ici dans son tempérament ; le besoin instinctif ou raisonné du gain n'est point de ce pays, non plus que le goût des voyages; et à l'industrie extérieure et à sa brutale avidité, nous préférerons longtemps encore les élégances délicates de l'esprit, et le tendre et patient amour du vieux terroir. Et l'amour de la terre, c'est l'amour de la famille ; et l'amour de la famille, c'est la vénération du père ; et la vénération du père, c'est le respect du prince. L'idéal du christianisme c'est le royaume du père, non la république un peu raide des frères. Les hommes y sont frères sous la tendre royauté du père.

Et comment se fait-il avec cela que la France soit la terre bénie de la démocratie?

C'est que nous sommes toujours, au fin fond, le léger et hâbleur et inconstant peuple des Gaules, ami d'une certaine discipline qui fait les soldats, ennemi de l'autre discipline qui fait les citoyens, nous plaisant à la politiquerie qui chicane, insoucieux de nous gouverner nous-mêmes, pourvu que le voisin ne nous gouverne pas.

VI.

Le Spectre de César.

Certes, après la tyrannie populaire, la plus hideuse de toutes, je ne sais rien de plus détestable et de plus méprisable au monde que le despotisme militaire qui, contre les forces intelligentes de la nation, s'appuierait sur les brutales et basses et envieuses passions de la canaille. Mais il ne faut pas, non plus, se laisser, outre raison, berner par des fantômes.

En France, depuis 80 ans, les fantômes nous ont obsédés ; vraie danse macabre; notre raison s'est perdue de fantôme en fantôme : le fantôme de la Bastille, — le fantôme des priviléges, — le fantôme de l'Autrichienne, — le fantôme de l'étranger, — le fantôme de Pitt et Cobourg, — le fantôme de la Sainte-Alliance, — le fantôme des Jésuites, — le spectre du parlementarisme, — le spectre rouge, — et, je ne sais pourquoi, le spectre de César, qui nous agite depuis un temps.

Et que nous veut ce spectre ridicule? et que feraient-ils chez nous, les Césars, vinssent-ils les douze ensemble, avec leur masque ivre de carnaval ?

Qu'est-ce que le césarisme?

Qu'était-il dans la société antique ?

Que pourrait être le césarisme dans la société moderne?

Comment les mœurs s'y sont-elles préparées?

Je sais bien que la corruption des mœurs (et elle s'est faite grande parmi nous par la corruption des esprits) est le fumier sur lequel César sème d'ordinaire l'esclavage, et sans lequel il ne pourrait lever. Il serait profondément injuste d'attribuer à qui nous gouverne toute la corruption d'aujourd'hui. Le règne précédent y avait fort travaillé,—à son profit, pensait-il, et il en est mort empoisonné. La guerre au prêtre non plus n'est pas d'hier, et il y a belles années qu'a été tendu ce piége terrible qui jette la société sans défense et sans conscience aux pieds d'un maître. L'athéisme seul nous fait césariens et pâture à Césars. Quand Dieu vit chez un peuple, vous n'y verrez jamais César. Quand Dieu n'est plus, César paraît. Il est le châtiment et le commencement de la fin. — D'ailleurs je serais bien surpris si ce prince rêveur, tout mathématicien qu'il soit, était irréligieux. Tout au plus, à qui lui dirait : que vous a fait ce peuple pour l'athéiser? est-ce pour lui ménager ces chagrins, ces hontes, ces désespoirs et cette mort, qu'il vous a remis sa puissance, qu'il a fait de vous l'homme le plus puissant de tous les hommes de l'univers? — il répondrait comme Pilate : je m'en lave les mains. Et le crime, de règne en règne, remonterait hélas! à 89.

Et puis, notre terre moderne ne se prête pas au césarisme. Ce césarisme à la mode nouvelle, ne sera jamais, je vous le déclare, qu'un césarionisme, et bien constitutionnel encore. Songez que le monde que les vrais Césars couvraient de leur puissance, c'était tout le monde connu de ce temps-là. Notre césarisme à nous ne dominera jamais que sur une parcelle de la terre que se tiennent partagée une centaine d'autres nations. Et encore quelles mitaines ne devra pas employer ce César pour ne pas succomber sous l'opprobre de son oppression? il sera benin, benin, benin. Si César m'inquiète dans ma maison, je m'en vais à dix heures de là et je fais la nique à César. Jugez pour nous-mêmes la différence entre l'empire nouveau et l'empire d'avant-d'hier : l'oncle, plus effrayant que Charlemagne, tenant dans sa main l'Europe entière, — le neveu administrant tout juste avec douceur et des ménagements infiniment timides, le ci-devant petit royaume de France, — bonne part encore ce royaume, — « le plus beau royaume après celui des cieux. »

VII.

La Révolution française a débuté par une erreur immense, aux conséquences incalculables, qui a vicié tout le reste, et que des siècles et des siècles encore peuvent seuls réparer.

Avant la déclaration des droits de l'homme, elle devait poser la déclaration des devoirs de l'homme.

Si le monde a été créé, Dieu est; — si Dieu est, Dieu étant l'ordre même, chaque chose a sa loi; s'il est une loi pour chaque chose, chaque chose a ses devoirs; — si les choses ont leur devoir, l'homme, maître par Dieu des choses de la terre, a ses lois et ses devoirs envers chaque chose; — ses devoirs il les doit connaître, il les a connus par Dieu, et s'il les connaît, il les doit pratiquer. Les devoirs priment les droits; les droits sont la récompense des devoirs bien remplis. Donc il fallait déclarer les devoirs avant les droits; et cette déclaration des devoirs étant toute dans l'Évangile, la Révolution devait appuyer sur l'Évangile les droits de l'homme nouveau.

Il n'en a pas été ainsi : le constituant de 89 a voulu que la loi fût athée, et la loi en se soumettant le peuple, l'a fait athée à son tour.

Jadis, dans la vie de l'homme, la religion était tout : tout était dans elle ; elle était dans tout.

Aujourd'hui, elle n'est plus qu'en une parcelle de nous, où elle s'est réfugiée. On l'a mise hors la loi, hors la politique, hors nos affaires, hors nos fonctions. L'homme ne la retrouve qu'au coin de son foyer, dans sa famille, et encore par l'éducation la loi veut l'en chasser. Et puis, aujourd'hui, le chez soi tient si peu de place dans la vie de l'homme !

En laissant les esprits pervertis travailler à détruire la religion dans le peuple, le gouvernement abandonne la dernière base possible qui le puisse soutenir, et il se condamne d'avance à crouler : « Quand le peuple, a dit Montesquieu, a une fois de bonnes maximes, — [et quelles meilleures et plus sûres maximes que celles du Christ ?] — il s'y tient plus longtemps que ce qu'on appelle les honnêtes gens. Il est rare que la corruption commence par lui ; souvent il a tiré de la médiocrité de ses lumières un attachement plus fort pour ce qui est établi. » (*Esprit des Lois*, livre V, ch. II).

Prophétie singulière et qui se vérifiera peut-être demain, de M. de Maistre sur l'Angleterre (*Considérations sur la France*, 1797) : « Si jamais l'Angleterre bannit de sa langue politique ces mots *Church and State*, son gouvernement périra comme celui de sa rivale. » — L'affaire de l'Église d'Irlande est peut-être le commencement de cette fin, entrevue par le grand penseur catholique.

Les philosophes, les hérétiques, libres penseurs, voltairiens, socialistes, regardent de très-haut et ont appris au populaire à se moquer de nos prêtres qui passent leur vie à marmoter des oremus et à écouter les confessions des vieilles femmes, et ils ont quasiment raison. Qu'est-ce qu'un prêtre qui perd son temps à conseiller de faire du bien aux hommes et n'a pas les moyens de faire ce bien? ce n'est plus là un prêtre. En enlevant à l'Église le droit de posséder, la loi a tué le prêtre catholique, et ceux qui l'ont votée d'instinct, n'espéraient pas le frapper si mortellement. C'est la bourgeoisie, avide de terres, insatiable de domaines, qui a dépouillé le clergé; ce n'est pas le menu peuple qui en était charitablement secouru, et qui vivait de ses aumônes. Le jour où entreprenant de raviver notre nation décomposée, de faire marcher ce Lazare relevé du tombeau, vous voudrez rendre à la religion son autorité sur les âmes, vous n'aurez qu'une décision à promulguer, celle de restituer à l'Église la condition commune. Qu'elle puisse acquérir et posséder des champs au soleil, — et partant donner secours à celui qui souffre et l'appeler par l'aumône. D'ici là votre prêtre français n'est et ne sera qu'une ombre, un simulacre de prêtre.

VIII.

Le christianisme a été le sang, l'esprit, le vêtement de la société universelle depuis Constantin jusqu'à nous; et il semble à distance qu'il ait vieilli avec et comme cette société. La mission du christianisme a été de miner et de démolir pierre à pierre le vieil édifice romain, et la prison colossale que César avait faite à l'âme humaine. Il a été l'ennemi né et le destructeur infatigable du monde césarien et c'est pourquoi les Césars de tout temps et tous ceux qui comme eux ont voulu opprimer par la force et par le vice, lui en ont gardé rancune et l'ont combattu et détesté comme d'instinct, et ont favorisé toutes les hérésies qui pouvaient diminuer ce grand ennemi des mœurs mauvaises et de la servitude. Or le christianisme prend sa force dans son unité et dans son refus absolu de pactiser avec les hérésiarques et les autres religions.

Quand il parut à Rome, Tibère, l'habile homme, proposa d'admettre le Christ au Panthéon, c'est-à-dire de le confondre avec tous ces dieux, impuissants et ridicules, dont personne dès longtemps ne se gênait, parce qu'ils ne gênaient personne.

Mais les chrétiens préférèrent le martyre à ce honteux abaissement de leur Dieu. Le grand danger du christianisme aujourd'hui serait de se laisser entamer par cette humeur moderne qui tend à l'amollissement du culte, et à la perversion du dogme par les concessions de sensiblerie aux religions séparées qui n'ont d'existence que par lui et de refuge à l'avenir qu'en lui.

Les dix-huit siècles écoulés qu'a gouvernés le nom du Christ n'ont été remplis, à bien dire, que par la lutte sans trêve de Jésus, de celui qui s'appelait le bon jardinier, contre les racines sans cesse et partout renaissantes des mœurs et des lois et des passions antiques. Les racines de Rome la terrible payenne, avaient pénétré la terre entière. Elles rejaillissent encore à pleins faisceaux par les poètes de la Renaissance, elles rejaillissent par les architectes de Louis XIV, elles rejaillissent par les archéologues et les politiques du XVIIIe siècle; et le christianisme sans cesse et partout émonde, il extirpe, il arrache, et la force et la sainte colère n'ont jamais manqué aux houes des pieux bûcherons. Le christianisme ne cessera son travail et ne se reposera aux cieux que le jour où aura disparu dans tout l'univers toute trace, toute veine de l'antique et servile corruption.

Les Grecs, puis les Romains, ont été par la Providence chargés, tour à tour, et chacun pour la part de son rôle, de représenter les gloires de la religion polythéiste. — C'est la France, et la France seule qui jusqu'au bout aura représenté, dans le monde moderne, les gloires de la religion chrétienne catholique, les grandeurs du Dieu nouveau, de l'Homme-Dieu. *Gesta Dei per Francos.* Plus de Christ, plus de France. Ceux qui abattent la croix dans notre pays sont d'infâmes innocents qui du même coup abattent l'empire des Francs et son renom dans le monde.

Oui, la France avait un Dieu qui l'avait faite grande, *fecit mihi magna qui potens est*. C'est par ce Dieu qu'elle avait grandi. Le Français était le soldat des guerres chrétiennes; ses rois étaient chevaliers de la Vierge. — Encore une fois, adieu le Christ, adieu la France.

Les faits politiques ont avec les-faits religieux la plus étroite parenté. Vous figurez-vous ce que deviendrait le protestantisme si le catholicisme s'effondrait? N'ayant plus son point d'appui sur le grand monument qu'il assiége et qu'il a pour but de démolir, il se dissoudrait à coup sûr et se fondrait en vapeur. Le jour où saint Pierre aura disparu, Luther et toutes les sectes chrétiennes auront cessé d'être.

De même le libéralisme, tel qu'on le comprend en France, n'a d'autre raison d'être que l'autorité qu'il combat, et le jour où l'autorité est tout de bon déracinée, notre libéralisme perd son sens et divague et se désagrège et tourne en folie, incapable qu'il s'est montré toujours de s'organiser en corps gouvernant. Cela s'est bien vu dans la grande révolution, alors que le trône une fois renversé, tous les partis qui avaient combattu d'accord pour ce gigantesque bouleversement, se ruèrent aussitôt l'un sur l'autre, s'entre dévorant avec fureur, se déchirant avec rage dans un langage, dont le vide et le faux et le ridicule aujourd'hui nous font rire et qui, quoi qu'on en ait dit, n'eut jamais d'éloquent que son ivresse, et de grand que la férocité de ses haines inutiles et affolées.

D'ailleurs, je le confesse, mon cœur n'est point taillé à la nouvelle mode humanitaire. Je m'attache étroitement au plus proche. Je fais plus de cas de l'homme que de sa nation et de son gouvernement. J'aime mieux le Français que la France, l'Italien que l'Italie, la France et l'Italie que l'Europe, l'Europe que le reste de la planète, et puis j'ai pour maxime que tant vaut le citoyen tant vaut la cité.

IX.

Quatorze siècles de guerre perpétuelle, et pour coup de grâce la guillotine et les proscriptions de 93 ont anéanti au ras du sol la race des conquérants. Plus de Francs en France, plus de Normands, plus de Goths, plus de Romains, à peine une inanalysable croute de sang barbare, juste de quoi saler la terre; il ne reste plus à notre terroir que sa vieille couche gauloise. Nous voilà revenus tout purement au temps du Romain vainqueur, face à face de la nation qu'il dompta. Chacun de nous fera bien d'étudier la *de Bello Gallico* pour y chercher l'avenir des siens.

Ce premier vainqueur, tout grand pontife qu'il s'est fait faire, n'aime point à user des moyens religieux, il s'en défie : entre les Gaulois et lui, il se garde bien de faire intervenir ses dieux, et je n'imagine point que les despotes de l'avenir se chargent tout de bon de protéger le Pape, et la religion du Christ. Je ne crois pas qu'il y ait au monde un seul gouvernement despotique qui, de bonne foi, sincèrement, se soucie de protéger jusqu'au bout cette religion là. Ni aujourd'hui ni jamais. Soyons justes et rendons au César ce qui est au César, à Jupin ce qui est à Jupin, aux dieux payens, ce qui est aux dieux payens. Ce ne sont point leurs prêtres, il faut en convenir, qui ont à si gros torrents versé le sang des chrétiens. C'est César, toujours César, les préteurs de César, les proconsuls de César. Le bonhomme de prêtre payen arrive là comme provocateur commode du supplice pour demander l'impossible reniement, rien de plus. Mais ces pauvres sacerdotes, ils auraient, si César l'eût souffert, vécu sans tant se plaindre à côté des intraitables vertueux du Nazaréen. Que leur faisait au Panthéon un Dieu de plus, le Dieu inconnu que saint Paul leur montrait déjà dans le temple d'Athènes, le Dieu de la douleur et des consolations. Le pouvoir de César ne peut s'accommoder de la surveillance inflexible, même quand elle est muette, et des remontrances austères de la religion du Christ; il est parce qu'elle n'est plus; pour que César soit en sa pleine autorité, il faut que tout respect de l'homme pour sa propre conscience, c'est-à-dire pour le Christ disparaisse. Donc, si vous redoutez et voulez restreindre l'autorité de César sur la conscience humaine, je n'y vois qu'un remède, c'est de relever l'autorité du Christ, seule force des consciences; si vous voulez favoriser une expansion généreuse de la démocratie, je n'ai encore que ce mot à vous dire: glorifiez le nom du Christ; car, Montesquieu l'a dit, la démocratie ne vit que de vertu, et, vous aurez beau chercher ailleurs, notre vertu, chez nous, vieux peuple de France, n'est et ne sera jamais que l'obéissance à la loi du Christ.

X.

Oh! nous sommes bien à la saison où le fruit plus que mûr se gâte par le cœur; où chaque jour avance sa corruption ; où les plus belles lois, où les sciences les mieux répandues, ne sauraient plus le garder de la moisissure. Nous sommes bien au temps d'Horace et de Juvénal. Ce libertinage des amours et des sales plaisirs que raffinaient les courtisanes de Rome, Paris aujourd'hui le raffine à son tour. Les lois sages ont du bon ; mais jamais les lois n'ont gouverné les mœurs. Les codes de Justinien n'ont point ramené aux vertus antiques les Romains de la décadence ; le Code Napoléon, monument admirable de dialectique, ne nous rendra pas les robustes mœurs du XVIIe siècle, qui ne reposaient que sur des coutumes variables. Quant à la dispersion des lumières, quant à cet enseignement gratuit et universel, dont notre époque fait si grand bruit, le monde romain aussi l'a pratiqué sans autre avantage que d'avancer sa décomposition, témoin les vers de Juvénal dans sa satire sur les sauvages de Denderah qui avaient mangé un Copte :

Nunc totus Graias nostrasque habet orbis Athenas.
Gallia caussidicos docuit facunda Britannos :
De conducendo loquitur jam rhetore Thule.

« Aujourd'hui tout notre globe possède les sciences grecques et romaines. La Gaule discoureuse a appris le beau langage aux Bretons chicaniers, déjà Thule parle d'attirer chez elle et de gager un rhéteur. » — Des rhéteurs porte-sciences, le monde de nos jours en est plein.

Après Auguste, on dirait que la haine de la tyrannie a été la seule muse qui ait dignement inspiré les écrivains de Rome. C'est à cette haine qu'on reconnaît leur génie. Pas un ne s'élève vraiment qui n'ait gravés sur son front l'exécration et le noble mépris des Césars et de leurs plus vils esclaves. Tous par leur stoïque morale sont restés républicains : Tacite, Juvénal, Sénèque, Perse, Lucain, Petrone; et Lucain et Sénèque et Petrone, meurent victimes de la grande conspiration contre Néron. Ils portent sur leurs œuvres la cocarde de la république.

Et qu'ont pu contre les futurs tyrans les malédictions de Tacite et de Juvénal? rien, sinon que Juvénal et Tacite ont laissé une mémoire qui les fait plus grands dans la postérité que les corrompus fustigés par eux, et cela enseigne aux générations qui suivent qu'il vaut mieux être ces honnêtes vengeurs que Narcisse et que Trimalcion. — Point de prêcheurs, je le veux bien, qui puisse anéantir le vice; les paroles se perdent et sont de vent, mais les hommes qui les ont dites restent et sont de bronze, car ils représentent la conscience humaine.

« Les arts, disait en 1811 Châteaubriand dans son discours de réception à l'Académie, — les arts peuvent jusqu'à un certain point vivre dans la dépendance, parce qu'ils se servent d'une langue à part qui n'est pas entendue de la foule; mais les lettres qui parlent une langue universelle, languissent et meurent dans les fers. Comment tracera-t-on des pages dignes de l'avenir s'il faut s'interdire, en écrivant, tout sentiment magnanime, toute pensée forte et grande? La liberté est si naturellement l'amie des sciences et des lettres qu'elle se réfugie auprès d'elles, lorsqu'elle est bannie du milieu des peuples. » — Nous aussi avons entendu l'art parler sa belle langue à part, sa belle langue harmonieuse et effeminée au milieu du silence abruti ou du honteux commérage des lettres. Nous aussi avons vu l'indépendance des esprits plus mâles se réfugier auprès de la science; mais n'eût été par ci par là la rude voix d'un moine ou d'un évêque, protestant au nom de l'éternelle justice chrétienne, il ne se fût pas élevé de notre temps affaissé, un cri digne de l'avenir. Les héritiers matadores du civisme républicain échangeant le principe de vertu stoïque contre celui de jouissance universelle, n'ont point dans le boursouflement de leur orgueil, et le vide de leur mauvais langage, dépassé le niveau des plus médiocres pamphlétaires de 93.

XI.

Les guerres, les agitations civiles avaient fait naître un groupe d'adorables écrivains qui produisirent leurs œuvres à la première paix, et ce fut sous Auguste, et celui-ci en profita, car la gloire de ses écrivains est à coup sûr le meilleur lot de sa propre gloire. Faut-il en faire tant d'honneur à Auguste, et en faire tant d'honneur à la paix elle-même? Les fruits de la paix ne sont produits que par l'horrible fumier de la guerre; la paix ne sert qu'à la richesse, c'est-à-dire à l'amollissement des nations et à l'allanguissement de leur génie. Ce que nous voyons aujourd'hui dans notre pays en est bien la preuve : les poètes, les peintres, les historiens que nous voyons fourmillants sous la Restauration, nous les devons aux guerres de l'Empire; les plus précieux génies du siècle de Louis XIV sortaient des battements de cœur de la Fronde et de la

Terreur de Richelieu; la Renaissance vint des éternelles guerres d'Italie et de Flandre; et la gloire du temps de saint Louis avait été couvée par les croisades. La nature le veut ainsi : l'esprit de l'homme se transit dans la paresse. Le bègue ne parle bien que quand il est ému. La guerre est la vraie mère des arts.

La paix, la paix, toutes les nations, tous les jours, ne demandent à Dieu qu'une chose, la paix, la paix universelle, la paix perpétuelle. — Les nations ne savent ce qu'elles demandent. — La paix, c'est la mort.

La paix, pour un peuple, la paix ne peut être hélas! ni le doux sommeil, ni le repos, ni l'immobilité, chose contre nature; la paix fatalement c'est la faiblesse, l'énervement, l'amoindrissement, la décomposition, la fétide pourriture.

L'ange a dit: Paix aux hommes de bonne volonté! oui, l'homme de bonne volonté peut atteindre à une certaine paix intérieure; mais cette paix ne doit être l'idéal que de chaque homme d'une même nation, jamais de la nation elle-même. Cette paix elle-même est une paix toujours armée, toujours sur le *qui vive*, sempiternellement prête à la lutte contre le mal qu'elle observe sans cesse. La lutte et la guerre sont la condition naturelle de tout être vivant; c'est la loi conservatrice de l'humanité, c'est là santé, c'est la vie.

Voyez Rome, Rome l'exemple éternel offert à l'enseignement des nations : tant qu'elle combat, elle grandit, elle florit, elle est indomptable, elle exubère, elle domine l'univers; même les guerres civiles la développent encore; et leur grandeur et le gigantesque que leurs proportions donnent à ses chefs font que la terre entière est pour des siècles médusée par elle. Mais le jour où ce maître peuple romain désire la paix, et trouve le bouclier trop lourd à son bras et le jette dans les champs de Philippes, ce jour-là est déjà le lendemain de l'apogée de la grandeur romaine. Puis la descente commence, lente et grave, par les immenses degrés de marbre de la colossale tyrannie des Césars et d'une infamie servile qui n'eut d'égale que la vertu terrible des temps passés; et cette descente s'en va, toujours pour la paix, pour l'amour de la paix, elle s'en va, du culte de ces arts du luxe et de la mollesse et de la corruption et de la luxure que nous appelons les arts de la paix, jusqu'aux hontes de Byzance et aux dernières humiliations des Barbares.

Et nos grandes républiques modernes de

l'Italie et de la Flandre ne s'en sont-elles pas allées, elles aussi, par la paix que leur ont faite les Médicis et les Espagnols?

Je n'admets de paix que la paix toujours aggressive que professent les Américains, dont le commerce sans cesse agissant et toujours extérieur n'est qu'une guerre éternelle et toujours aventureuse contre le commerce et l'activité des autres nations.

La paix mortelle, c'est notre paix française d'aujourd'hui, paix qui ne se nourrit que de luxe et de tous les vices de la mollesse et de l'enrichissement étranger, et des appétits de jouissances corrompues de tous les énervés du monde entier, « les oripaux d'une fausse grandeur. »

Et cette paix traîne après elle l'ennui. Or il n'est pas pour un peuple de plus dangereux ennemi que l'ennui. L'ennui énerve, il est mauvais conseiller; il suscite les querelles médiocres et les émeutes gamines; il s'alimente de faux bruits; il s'égaie de calomnies abominables.

Donc, je regarderai comme instrument de salut pour la France, et j'appellerai de toutes mes forces tout ce qui dans mon pays pourra ramener non pas la guerre brutale de peuple à peuple, la tuerie sanglante dont tout chrétien doit raisonnablement avoir horreur, mais la lutte, l'agitation, tous les exercices de la vie active et intellectuelle, les rivalités civiques vers le bien, les nobles ambitions, les entreprises audacieuses, tout ce qui en somme fait battre le cœur d'une nation et circuler son sang dans toutes ses artères.

Je ne me dissimule point que dans ce pays de beaux parleurs, le plus clair de la liberté consistera à se contredire les uns les autres et à s'entraver et à se gouailler les uns les autres, et dès que l'un voudra bravement aller à droite à le repousser malignement vers la gauche et s'il veut agir en héros, à le traiter en pasquin.

Je sais que nous sommes un vieux peuple et qui semble avoir donné à l'histoire du monde, durant dix siècles, et en bien et en mal, tout ce qu'il avait à lui donner et que notre décadence porte toutes les marques non d'une exubérance de vice juvénile, mais d'une décrépitude sénile. Ainsi que l'a dit Montesquieu : « ce n'est point le peuple naissant qui dégénère; il ne se perd que lorsque les hommes faits sont déjà corrompus. »

Je sais que jamais pays n'a été livré par Dieu à disputes plus byzantines, à vanités scientifiques plus téméraires, à telle manie de détruire, à telle envieuse frénésie de niveler, à tel orgueilleux instinct de contredire l'expérience ancienne, à tel creux besoin de paradoxe et d'ironie, à telle puérilité d'esprit, à tel mépris du pouvoir dont il ne peut se passer.

Je sais que notre pauvre France a été tellement secouée depuis 80 ans, tellement agitée, remuée de ci, de là, et de haut en bas et de bas en haut, qu'elle est aujourd'hui toute en mousse, et que la lie est montée à la surface et n'en veut pas descendre, et que l'élément généreux est tombé lourdement au fond et n'en veut pas remonter.

Mais comme après tout la liberté peut seule rajeunir ce peuple en le forçant à regarder lui-même à ses affaires et à ne se laisser écraser ni par le haut ni par le bas; comme la liberté communale sera après trois siècles d'oubli chose si nouvelle pour lui qu'il n'est pas incapable d'y prendre goût; et comme cette liberté est son dernier élixir, qu'il en faut renaître ou mourir, je répète à mon pays ce que disait à la diète de Pologne ce palatin de Posnanie dont parle Jean-Jacques : *Malo periculosam libertatem quam quietum servitium.*

XII.

Grande sottise ont faite les Piémontais, le jour où, pris de l'ambition de dominer l'Italie, ils ont quitté leur petite et forte patrie pour se fondre eux et leur robuste corps d'armée dans ce paradis qu'ils convoitaient de la Lombardie, de la Toscane et de Naples. Pourquoi ce jour-là un bon patriote, un M. de Maistre, ne leur a-t-il pas cité en apologue cette histoire qui termine le livre du vieil Hérodote : « les Perses portèrent à Cyrus une harangue d'Artayctes, qui parlait ainsi : Puisque Jupiter a donné la monarchie aux Perses, et à toi, Cyrus, moyen de destituer Astyages, pousse plus outre, car la terre que nous tenons est petite, rude et âpre, et convient que nous en partions pour en gagner une meilleure. Nous en avons plusieurs voisines, et plusieurs sont éloignées de nous, desquelles si possédions une seule, nous serions admirables à beaucoup d'autres. Et certes hommes qui dominent doivent étudier à telles choses : car quand nous sera donnée plus belle occasion, que quand nous sommes seigneurs sur plusieurs hommes et sur toute l'Asie? Cyrus écoutant ces paroles sans faire aucun semblant, commande qu'elles fussent exécutées, mais en commandant, avertit les Perses de s'apprêter non à dominer mais à être dominés ; car est-il ainsi que des régions molles viennent hommes mols, parce que ce n'est le propre d'une même terre de porter fruit admirable et hommes vaillants pour la guerre. — Les Perses se repentirent et désistèrent comme vaincus de l'opinion de Cyrus et mieux aimèrent dominer demeurans en pays peu fertile, que servir à autrui en semant et labourant les belles campagnes. »

Et ce que je dis aux Piémontais, je le dis aussi aux Prussiens, sinon par amitié, du moins par charité. Les bons conseils sont valables en tout pays.

XIII.

Les Romains du temps d'Auguste croyaient eux aussi s'acheminer vers le progrès dans la forme nouvelle de leur société. Virgile le divin poète s'écriait, plein de folles espérances, comme se sont écriés les poètes du commencement de notre siècle :

Magnus ab integro seclorum nascitur ordo;
Redeunt Saturnia regna.

Et nous savons aujourd'hui ce qu'ont été ces âges saturniens de la décadence romaine. Et nous savons aujourd'hui où sont allés ces beaux rêves dorés de notre jeunesse, les rêves pieux et généreux des Lamennais, des Châteaubriand et des Lamartine, les visions républicaines de Béranger et de Carrel. *Saturnia regna*, on les a entrevus, aux années de mon enfance, sous cette restauration qui fut l'ère des rois doux et humains, des ministres loyaux, noblement éloquents, patriotes et intègres, des politiques sincères, des mœurs décentes, des poètes aux ailes lumineuses, ces quinze ans que les générations futures appelleront l'âge d'or de la France. Mais comment vouliez-vous que durât ce phénomène étrange d'honnêteté, de confiance et de bonne volonté, qui ne reposait que sur le vent et qui n'était en somme que le moment de répit d'une société lasse de terreur et de tyrannie, de guerre et de bassesse et qui aspirait un air plus pur au lendemain d'un effroyable cyclone. Louis XVIII n'avait pas vu qu'en acceptant pour la société qu'il pensait restaurer les bases de centralisation qui avaient créé et porté le despotisme de 92 à 1815, il ne pouvait édifier qu'une royauté de passage, jouet du premier souffle, et son frère ne le vit pas non plus, et son cousin pas davantage; car pour leur malheur ils avaient trouvé la France monstrueusement absorbée dans Paris, et en croyant imiter la constitution anglaise, ils n'observèrent que l'organisation de ses chambres et non la force libre et vivante de ses comtés.

Montesquieu, ce génie si admirablement sain, avait mesuré avec une justesse profonde les conditions vitales de la monarchie française, et son chapitre IV du livre II de l'*Esprit des Loix*, est la prophétie la plus étonnante de notre dislocation sociale, et de ses conséquences inévitables : « Abolissez, dit-il entre autres, abolissez dans une monarchie les prérogatives des seigneurs, du clergé, de la noblesse et des villes, vous aurez bientôt un état populaire, ou bien un état despotique .... Les Anglais, pour favoriser la liberté, ont ôté toutes les puissances intermédiaires qui formaient leur monarchie. Ils ont bien raison de conserver cette liberté; s'ils venaient à la perdre, ils seraient un des peuples les plus esclaves de la terre. » — Notre histoire, depuis 80 ans, n'est-elle pas dans ces quelques lignes? et Montesquieu écrivait en un temps où l'indépendance provinciale se manifestait encore par un mouvement propre, une intelligence particulière, dont lui-même était un exemple en son parlement de Bordeaux. Qu'eût-il pensé de la France au lendemain du nivellement départemental?

XIV.

M. Thiers qui, ayant tenu le pouvoir, n'a su se défendre d'un certain goût pour les moyens faciles, ne trouve rien à dire contre le morcellement malheureux que les États généraux, sur le plan de Sieyès, firent de la France en départements, et qui tuait du coup, et au profit du despotisme, toute énergie du caractère provincial, et anéantissait, pour tout esprit de quelque envergure le mode de se développer et de vivre en province; car de là date fatalement, tout autant que de l'administration consulaire, la congestion du cerveau de Paris, au détriment des autres membres du grand corps de notre pays. « Le royaume avait toujours été partagé en provinces, successivement unies à l'ancienne France.

» Ces provinces, différant entre elles de lois, de priviléges, de mœurs (1), formaient l'ensemble le

1. Eh! c'est l'étendue même de la France et la nature qui le veulent ainsi. La France n'est point un petit état

plus hétérogène. Sieyès eut l'idée de les confondre par une nouvelle division qui anéantit les démarcations anciennes, et ramena toutes les parties du royaume aux mêmes lois et au même esprit. C'est ce qui fut fait par la division en départements. Les départements furent divisés en districts et les districts en municipalités. A tous ces degrés le principe de la représentation fut admis. L'administration départementale, celle de district et celle des communes étaient confiées à un conseil délibérant et à un conseil exécutif, également électif. Ces diverses autorités relevaient les unes des autres et avaient dans l'étendue de leur ressort les mêmes attributions. Le département faisait la répartition de l'impôt entre les districts, le district entre les communes, et la commune entre les individus. » — Très-bien alors, et tant que dureront la constitution de 91, et les autorités départementales indépendantes. Mais le génie de Sieyès n'était point si vaste que le dit M. Thiers le jour où il conçut cette belle trans-

de la dimension des républiques antiques. La France a plus d'un climat; le climat fait les mœurs, les mœurs font les lois. Violenter les mœurs et les lois qui en découlent, c'est l'éternelle et odieuse tyrannie des philosophes.

formation de nos provinces; car le grand théoricien qui avait si implacablement travaillé contre le fameux despotisme de Louis XVI, préparait là pour le premier despotisme qui, dans l'avenir, la voudrait ramasser une bien plus jolie machine de domination que l'ancienne France n'en eût jamais pu offrir. L'abbé Sieyès, forte tête de mathématicien politique, un *foutriquet* systématique, était de ceux, dont parle le gigantesque penseur des *Considérations sur la France*, et qui se donnant mission d'élucubrer des constitutions, les font également propres « à être présentées à toutes les associations humaines depuis la Chine jusqu'à Genève. Mais une constitution qui est faite pour toutes les nations, n'est faite pour aucune; c'est une pure abstraction, une œuvre scholastique, faite pour exercer l'esprit d'après une hypothèse idéale, et qu'il faut adresser à l'*homme* dans les espaces imaginaires où il habite.

» La constitution de 1795, *tout comme ses aînées*, est faite pour l'*homme*, or il n'y a point d'*homme* dans le monde. J'ai vu dans ma vie des Français, des Italiens, des Russes, etc.; je sais même, grâces à Montesquieu, qu'on peut être Persan; mais quant à l'*homme*, je déclare ne l'avoir rencontré de ma vie; s'il existe, c'est bien à mon insu. — Qu'est-ce qu'une constitution? ajoutait M. de Maistre. N'est-ce pas la solution du problème suivant : Étant données la population, les mœurs, la religion, la situation géographique, les relations politiques, les richesses, les bonnes et les mauvaises qualités d'une certaine nation, trouver les lois qui lui conviennent? »

Qu'ont duré toutes les constitutions de tous ces fiers ennemis de la tyrannie? qu'ont duré et où nous ont menés ces combinaisons si profondes de l'abbé Sieyès, qui étonnèrent tant les politiques, de la Constituante au Consulat? — Dans un pays où le peuple ne s'émeut que de mots, et où les gouvernants, aussi longtemps qu'ils peuvent, gardent naturellement la chose qu'on ne leur dispute point et qui leur est commode, le partage de Sieyès a duré et peut durer belles années encore. — Chez un peuple qui comme l'anglais aurait eu le sens politique et aurait examiné ce que cet arbre pouvait réellement porter de bons fruits à la liberté, notre division départementale n'aurait pas survécu au calendrier républicain. Tristes farces du même carnaval.

La France a commencé, en 1789, une effroyable maladie, qu'avait préparée le malaise de tout un siècle. Cette maladie, fièvre, folie furieuse, ou atonie hébétée, qui a déjà 80 ans de durée et dont on ne voit ni la fin, ni même la convalescence, et dont les crises se renouvellent tous les vingt ans; crises aigues, où le sang et les humeurs du malade semblaient à chaque crise se décomposer et se corrompre, cette maladie sera-t-elle incurable, et tout doucement tourne-t-elle à la mort? nul ne le sait, et d'aucuns commencent à le craindre. Si d'ici à peu, il ne se déclare pas, par un effort suprême des esprits, une réaction salutaire, c'en est fait de notre pays. C'est aux médecins à étudier si dans sa constitution ancienne et naturelle, il n'est point quelque organe nécessaire qui ait été, dès les premières atteintes du mal, profondément atrophié ou engorgé et par lequel, sous peine de gangrène prochaine, il importe de faire au plus tôt recirculer la vie.

Nos idées républicaines modernes étant basées sur l'égalité, c'est-à-dire sur l'envie, sont assurées éternellement de la faveur populaire.

Hélas! elles sont aussi le gage, par cela même, de l'abaissement de notre pays. Car on a vu dans d'autres histoires ou plutôt dans d'autres temps, l'envie et l'égalité correspondre à de nobles passions, l'envie de bien faire et de commettre des actions plus héroïques, l'égalité dans la grandeur. Mais, chez nous, l'envie ne tend plus qu'à faire descendre les grands au plus bas niveau de la corruption et de la misère; il s'agit pour tous d'être égaux dans les bas-fonds. — « Le mendiant, dit un proverbe grec cité par Malherbe, le mendiant lui-même porte envie au mendiant. »

La France, à le bien prendre, n'était avant 89, grâces aux priviléges, coutumes, états et parlements de ses provinces, qu'une grande république fédérative, agglomérée lentement, et dont le roi n'était que le chef héréditaire.

Le provincialisme a joué, jusqu'au milieu du XVIIe siècle, son rôle assez grave dans l'histoire de France : guerres civiles et religieuses, états généraux, défense de la patrie contre l'étranger, navigations audacieuses et colonies actives, centres brillants d'art et d'industrie, écoles européennes de jurisprudence et de médecine, c'est à nos provinces, non à Paris, qu'il faut demander toute initiative pendant douze siècles de la gloire française; — et même, pendant les 150 ans qui couvent la Révolution, c'est à la cour, où toute la France est venue tristement se fondre, et non à Paris, qu'il faut renvoyer l'éclat extérieur de l'influence de notre pays.

XV.

A la veille de la Révolution, la France faillit voir s'organiser en elle, par l'initiative, très-bien inspirée ce jour-là, du ministre Necker, des assemblées provinciales, qui, — n'eussent été les nuages déjà amoncelés par son compatriote Jean-Jacques, — pouvaient sans doute sauver la France en la rasseyant pour longtemps sur les bases naturelles de sa constitution primitive.

Et j'en loue d'autant plus haut ce désagréable ministre que tous ces venus de Genève ou de Suisse, Calvin, Jean-Jacques, Necker, Marat, Mme de Staël, Benjamin Constant, n'ont jamais porté bonheur à notre pays. Esprits systématiques, orgueilleux, cassants, de nature protestante, pleins d'eux-mêmes, n'ayant rien de commun avec notre facilité gauloise, et en imposant toujours à cette facilité native par leurs moyens violents et leur sophisme imperturbable, absolu et hautain, et à notre crédulité éternellement dupée par le charlatanisme étranger. Quel peuple que ce français! Son goût est aux esprits légers, sa confiance est toute aux sots graves. Et puis, de bonne foi, ces Suisses, le protestantisme même, que voulez-vous qu'ils entendent au cœur de cette France, la fille aînée de l'Église. Si deux pays sont faits pour ne se pas comprendre, c'est à coup sûr ces deux-là. Mais alors pourquoi les philosophes suisses se sont-ils toujours tant mêlés de nos affaires? Je les goûte fort chez eux, car ils y montrent les vertus sèches et âpres par lesquelles vivent excellemment les petites démocraties; mais, pour Dieu, qu'ils y restent.

« Les pays d'Etats (le Languedoc, la Bourgogne, la Bretagne, etc.), dit Mme de Staël dans ses *Considérations sur les principaux événements de la Révolution française*, les pays d'États jouissaient de grands avantages : non-seulement ils payaient moins, mais la somme exigée était répartie par des propriétaires qui connaissaient les intérêts locaux et qui s'en occupaient activement. Les routes et les établissements publics étaient beaucoup mieux soignés, et les contribuables traités avec beaucoup plus de ménagements. Le roi n'avait jamais admis que ces États possédassent le droit de consentir l'impôt; mais eux se conduisaient comme s'ils avaient eu ce droit réellement; ils ne refusaient pas l'argent qu'on leur demandait, mais ils appelaient leur contribution un *don gratuit*. En tout leur administration valait bien mieux que celle des autres provinces, qui ne méritaient pas moins l'intérêt du gouvernement.

« M. Necker sentait vivement combien la bienfaisance d'un ministre est peu de chose au milieu d'un royaume aussi vaste et aussi arbitrairement gouverné que la France. Et ce fut son motif pour établir des assemblées provinciales, c'est-à-dire des conseils composés des principaux propriétaires de chaque province, dans lesquels on discuterait la répartition des impôts et les intérêts locaux de l'administration. M. Turgot en avait conçu l'idée; mais aucun ministre du roi, avant M. Necker, ne s'était senti le courage de s'exposer à la résistance que devait rencontrer une institution de ce genre; et il était à prévoir que les parlements et les courtisans, rarement coalisés, la combattraient également.....

« Une cause des malheurs de la Révolution, c'est la prodigieuse influence de Paris sur la France. Or l'établissement des administrations provinciales devait diminuer l'ascendant de la capitale sur tous les points du royaume; car les grands propriétaires, intéressés par les affaires dont ils se seraient mêlés chez eux, auraient eu un motif pour quitter Paris et vivre dans leurs terres..... Les dissensions qu'on a vues tout à coup éclater entre les classes privilégiées et la nation, n'auraient peut-être pas existé, si depuis longtemps les trois ordres se fussent rapprochés en discutant en commun les affaires d'une même province. — M. Necker composa les administrations provinciales instituées sous son ministère, comme l'ont été depuis les états généraux, d'un quart de nobles, un quart du clergé, et moitié du tiers-état, divisés en députés des villes et en députés des campagnes. Ils délibéraient ensemble, et déjà l'harmonie s'établissait tellement entre eux que les deux premiers ordres avaient parlé de renoncer volontairement à leurs priviléges en matière d'impôts.....

« Les Parlements prirent de l'ombrage des assemblées provinciales, comme d'une institution qui pouvait donner au roi une force d'opinion indépendante de la leur. M. Necker souhaitait que les provinces ne fussent point exclusivement soumises aux autorités qui siégeaient à Paris; mais loin de vouloir détruire ce qu'il y avait de vraiment utile dans les pouvoirs politiques des Parlements, c'est-à-dire l'obstacle qu'ils pouvaient mettre à l'extension de l'impôt, ce fut lui, M. Necker, qui obtint du roi que l'on soumît aussi l'augmentation de la taille à l'enregistrement du Parlement..... » (1)

Quand ces assemblées provinciales n'auraient été que l'origine de nos conseils généraux d'aujourd'hui, principe inévitable de la décentralisation future, il faudrait saluer dans la pensée de Turgot et de Necker une grande idée patriotique; mais elles avaient en outre, sur nos conseils départementaux, l'avantage d'un cadre plus sensé et plus large, devant s'exercer sur les intérêts de

1. On trouve, au sujet de ces assemblées provinciales, une charmante anecdote dans les Mémoires secrets pour servir à l'histoire de la république des lettres.

« 27 avril 1781. — M. Necker a été très-piqué de la publicité de son mémoire sur les assemblées provinciales, et il paraît constant que, craignant les instigateurs de la nouvelle persécution à laquelle il allait se trouver en butte, il avait donné sa démission au Roi; c'est la Reine qui le protége aujourd'hui et a engagé Sa Majesté à se conserver cet excellent serviteur. Le duc de Choiseul s'est rangé absolument du parti de celui-ci et lui a concilié les bonnes grâces de la souveraine. Dernièrement, la Reine, en entrant dans le salon de Marly, vit quelques seigneurs occupés à lire et cachant brusquement la brochure à l'approche de Sa Majesté. Elle voulut savoir ce que c'était. Instruite que c'était le mémoire de M. Necker : « C'est, dit-elle, l'ouvrage d'un homme bien zèlé » pour la gloire du Roi et le bonheur de ses peuples. »

toute une province, c'est-à-dire satisfaire dans leur caractère spécial les besoins moraux et matériels de l'un des membres particuliers de la nation.

XVI.

Et le remède est si simple, il est si clairement, si impérativement indiqué par la nature même de notre pays, que toutes les fois qu'il y a eu pression sur la France, il est sorti de tous ses coins à la fois un cri, éternellement le même, celui de décentralisation. Sous l'abominable tyrannie de 93, cela s'appela le Fédéralisme. Lyon se fit raser pour la cause de la liberté des provinces, pour la cause fédéraliste; Marseille, Nantes, Bordeaux, Caen, s'agitèrent pour elle. Cette sainte cause eut une armée.

« Dans la Normandie, dit M. Thiers, et particulièrement à Rouen, qui en était la principale ville, on avait voué un grand attachement à Louis XVI, et la constitution de 1790 avait réuni tous les vœux qu'on formait pour la liberté et pour le trône. Depuis l'abolition de la royauté et de la constitution de 1790, c'est-à-dire depuis le 10 août, il régnait en Normandie un silence improbateur et menaçant. »

Dans l'orageuse séance du 27 mai 93, Isnard le Girondin avait lancé la terrible prophétie : « Paris sera rayé de la liste des cités. »

Charlotte Corday, la Jeanne d'Arc du Fédéralisme, vient de Caen frapper dans Marat la personnification hideuse de la tyrannie parisienne et de l'insolence oppressive et orgueilleuse de sa populace. Dans la lettre qu'elle écrit à Barbaroux avant d'aller à la guillotine, elle le charge de dire à Wimpfen qu'elle l'a aidé à gagner plus d'une bataille. — « Quel triste peuple pour former une république! » ajoutait l'héroïne. — Oh! oui, tristes républicains, tristes citoyens, faut-il dire, que ce peuple de Paris, qui n'a jamais su user de sa vicieuse brutalité que pour enfoncer les portes ouvertes de la Bastille, ou écraser les rois doux et les assemblées honnêtes et pour lequel les Marat seuls, des fous idiots, sont des dieux.

Hélas! pauvre Charlotte, Wimpfen ne gagna pas de bataille, et M. Thiers explique très-bien pourquoi :

« Les départements, échangeant des adresses, s'envoyant des députations, semblaient s'attendre les uns les autres pour agir. Les distances ne permettaient pas de correspondre rapidement et de former un ensemble. En outre, le défaut de génie révolutionnaire empêchait de trouver les ressources nécessaires pour réussir. Quelque bien disposées que soient les masses, elles ne sont jamais prêtes à tous les sacrifices, si des hommes passionnés ne les y obligent pas. Il aurait fallu des moyens violents pour soulever les bourgeois modérés des villes, pour les obliger à marcher, à contribuer, à se hâter. Mais les Girondins, qui condamnaient tous ces moyens chez les Montagnards, ne pouvaient les employer eux-mêmes. Les négociants bordelais croyaient avoir beaucoup fait quand ils avaient parlé avec un peu de vivacité dans les sections; mais ils n'étaient pas sortis de leurs murs. Les Marseillais, un peu plus prompts, avaient envoyé 6000 hommes à Avignon, mais ils ne composaient pas eux-mêmes cette petite armée; ils s'étaient fait remplacer par des soldats payés. Les Lyonnais attendaient la jonction des Provençaux et des Languedociens; les Normands paraissaient un peu refroidis; les Bretons seuls ne s'étaient pas démentis, et avaient rempli eux-mêmes les cadres de leurs bataillons. On s'agitait beaucoup à Caen, centre principal de l'insurrection. C'étaient des colonnes parties de ce point qui devaient rencontrer les premières les troupes de la Convention, et ce premier engagement ne pouvait qu'avoir une grande importance.

» Les députés proscrits et assemblés autour de Wimpfen se plaignaient de ses lenteurs, et croyaient entrevoir en lui un royaliste. Wimpfen, pressé de toutes parts, ordonna enfin à Puisaye de porter, le 13 juillet, son avant-garde à Vernon, et annonça qu'il allait marcher lui-même avec toutes ses forces. Le 13, en effet, Puisaye s'avança vers Pacy, et rencontra les levées de Paris, accompagnées de quelques centaines de gendarmes. Quelques coups de fusil furent tirés de part et d'autre dans les bois. Le lendemain 14, les fédéralistes occupèrent Pacy et parurent avoir un léger avantage. Mais le jour suivant (le 15 juillet, le jour où Charlotte Corday expiait sur l'échafaud son coup sublime), les troupes de la Convention se montrèrent avec du canon. A la première décharge, la terreur se répandit dans les rangs des fédéralistes; ils se dispersèrent et s'enfuirent confusément à Evreux. Les Bretons, plus fermes, se retirèrent avec moins de désordre, mais ils furent entraînés dans le mouvement rétrograde des autres. A cette nouvelle, la consternation se répandit dans le Calvados, et toutes les administrations commencèrent à se repentir de leurs imprudentes démarches. Dès qu'on apprit cette déroute à Caen, Wimpfen assembla les députés, leur proposa de se retrancher dans cette ville, et d'y faire une résistance opiniâtre..... Les Girondins repoussèrent ses offres..... Ainsi d'une part la lenteur des fédéralistes, leur défaut d'ensemble, leurs demi-moyens; de l'autre, l'énergie de la Convention, l'unité de sa puissance, sa position centrale, son habitude du commandement, sa politique tour à tour habile et forte, avaient décidé le triomphe de la Montagne sur ce dernier effort des Girondins..... Les fédéralistes vaincus se condamnaient par leurs propres paroles : les honnêtes gens, disaient-ils, n'ont jamais su avoir de l'énergie. »

Ah! monsieur Thiers, qui « applaudissez » au triomphe de la Montagne, ces applaudissements pèseront plus tard sur votre livre, et sur la bourgeoisie girondine dont vous aurez été l'apôtre. Il n'est, monsieur, de gouvernement honnête que celui qui, comme le fédéralisme, voulait donner la force aux « honnêtes gens, » — et c'est une exécrable morale en histoire de dire que « *le plus digne de commander c'est le plus fort.* » — Au reste quand on lit votre volumineuse histoire, on se demande quel goût peut avoir un homme d'État historien, à moins d'avoir l'âge et l'inexpérience que vous aviez en 1823, pour les furieux égorgements d'insensés qui, de 91 à 94, s'entre-déchirent au milieu de hurlements sauvages, sans savoir ce qu'ils font, encore moins où ils vont. — Ils vont au 9 thermidor, ils vont à la théophilanthropie, ils vont au 18 brumaire.

Oui, tous ces étroits cerveaux révolutionnaires, plus occupés au fond de leurs luttes personnelles et de leurs moyens d'opprimer, j'allais dire de supprimer les partis rivaux, que de l'intérêt sainement étudié de la France, ont, par la dissolution de l'ancien esprit provincial et l'institution mesquine et puérile des départements, organisé notre esclavage moderne et préparé la verge de fer contre nous à tous les despotismes, les despotismes militaires, et pis encore les despotismes bureaucratiques et constitutionnels.

Aussi ne suis-je qu'à demi surpris de la contradiction que je trouve entre ce qu'a dit Mme de Staël de l'utilité des assemblées provinciales établies par son père, et le blâme qu'elle jette sur le fédéralisme qu'elle nie et qu'elle combat. « Les républicains honnêtes, mêlés à des royalistes, résistèrent avec courage au gouvernement conventionnel, à Toulon, à Lyon, et dans quelques autres départements. Ce parti fut appelé du nom de fédéralistes ; mais je ne crois pas cependant que les Girondins ou leurs partisans aient jamais conçu le projet d'établir un gouvernement fédératif en France. Rien ne s'accorderait plus mal avec le caractère de la nation qui aime l'éclat et le mouvement : il faut pour l'un et l'autre une ville qui soit le foyer des talents et des richesses de l'empire. On peut avoir raison de se plaindre de la corruption d'une capitale, et de tous les grands rassemblements d'hommes en général ; telle est la condition de l'espèce humaine ; mais on ne saurait guères ramener en France les esprits à la vertu que par les lumières et le besoin des suffrages. L'amour de la considération ou de la gloire, dans ses différents degrés, peut seul faire remonter graduellement de l'égoïsme à la conscience. » — Et que disons-nous, et que voulons-nous? nous voulons « ramener les esprits à la vertu, » et nous n'en voyons qu'un moyen efficace, c'est d'exciter « l'amour de la considération et le besoin des suffrages, loin de la corruption d'une capitale. » — D'ailleurs, n'est-ce pas Mme de Staël qui disait tout à l'heure qu'une « cause des malheurs de la révolution, c'est la prodigieuse influence de Paris sur la

France, et que l'établissement des administrations provinciales devait diminuer l'ascendant de la capitale sur tous les points du royaume. »

Et n'est-ce pas elle qui dira quelques pages plus loin, à propos de la Constitution de 1795 : « L'essai d'une république avait de la grandeur ; toutefois pour qu'il pût réussir, il aurait fallu peut-être sacrifier Paris à la France et adopter des formes fédératives. L'unité du gouvernement républicain paraît impossible, contraire à la nature même des choses, dans un grand pays. »

Mais cette prétendue libérale avait trop au fond du cœur la passion des bavardages d'une capitale et des cancans de Paris, pour ne pas être très-indulgente à la centralisation et à ses suites compressives. Au fond, Mme de Staël était aussi administrative que son père. — Toutefois, Necker venant de Suisse, pays par excellence de la fédération, vrai modèle du gouvernement fédératif, ne pouvait pas ne pas comprendre l'intérêt de ce système, et ne pas en essayer l'usage dans la France, où il en trouvait encore des éléments très-anciens et prêts à être réorganisés facilement, au profit évident du royaume, et avant que les cervelles n'eussent été complétement brouillées par le verbiage révolutionnaire et la fureur de concentration du comité de salut public, et les constitutions alambiquées des Sieyès.

Et comment la vérité ne nous sauterait-elle pas aux yeux, nous qui voyons qu'aujourd'hui et depuis longtemps il n'est de pays vraiment libres au monde que les pays où ne pèse pas la centralisation : l'Angleterre, l'Amérique, la Suisse, la Suède, la Belgique?

XVII.

Préoccupés que nous sommes aujourd'hui de la grandeur que la liberté donne aux États-Unis, nous avons, tous, les yeux tournés vers l'Amérique. Mais la fédération n'est pas chose si nouvelle en ce monde, et ce n'est pas hier seulement que les bons esprits l'ont connue et louée. Lisez plutôt Montesquieu :

« Les hommes auraient été à la fin obligés de vivre toujours sous le gouvernement d'un seul, s'ils n'avaient imaginé une manière de constitution qui a tous les avantages intérieurs du gouvernement républicain et la force extérieure du monarchique. Je parle de la République fédérative. Cette forme de gouvernement est une convention par laquelle plusieurs corps politiques consentent à devenir citoyens d'un Etat plus grand qu'ils veulent former. C'est une société de sociétés qui en font une nouvelle, qui peut s'agrandir par de nouveaux associés, jusqu'à ce que sa puissance suffise à la sûreté de ceux qui se sont unis. — Ce furent ces associations qui firent fleurir si longtemps le corps de la Grèce. Par elles les Romains attaquèrent l'univers, et par elles seules l'univers se défendit contre eux; et quand Rome fut parvenue au comble de sa grandeur, ce fut par des associations derrière le Danube et le Rhin, associations que la frayeur avait fait faire, que les Barbares purent lui résister. — Cette sorte de république capable de résister à la force extérieure, peut se maintenir dans sa grandeur sans que l'intérieur se corrompe; la forme de cette société prévient tous les inconvénients. Celui qui voudrait usurper ne pourrait guère être également accrédité dans tous les Etats confédérés. S'il se rendait trop puissant dans l'un, il alarmerait tous les autres; s'il subjuguait une partie, celle qui serait libre encore pourrait lui résister avec des forces indépendantes de celles qu'il aurait usurpées, et l'accabler avant qu'il eût achevé de s'établir. — S'il arrive quelque sédition chez un des membres confédérés, les autres peuvent l'apaiser. Si quelques abus s'introduisent quelque part, ils sont corrigés par les parties saines. Cet Etat peut périr d'un côté sans périr de l'autre; la confédération peut être dissoute, et les confédérés rester souverains. Composé de petites républiques, il jouit de la bonté du gouvernement intérieur de chacune; et à l'égard du dehors, il a, par la force de l'association, tous les avantages des grandes monarchies. » *De l'Esprit des Lois*, livre IX, chap. I.

XVIII.

Madame la duchesse de Berry est la dernière des Bourbons de la branche aînée qui ait eu occasion de proposer au peuple français un programme de gouvernement. Or ces Bourbons aînés, — cela se verra tous les jours plus clairement à mesure que l'on s'éloignera de leur temps, — ont eu vraiment, et plus intimement qu'aucune race, le très-juste sentiment de notre nation qu'ils ont faite et façonnée et limitée, et conduite à sa plus grave et solennelle splendeur dans l'époque de sa vraie maturité.

Louis Blanc raconte, dans son Histoire de dix ans, le programme politique qu'apportait madame la duchesse de Berry en se jetant dans la Vendée, lors de son expédition de 1832 :

« On aurait fait revivre, en les modifiant, l'institution des Etats généraux et celle des assemblées provinciales. Les Etats généraux se seraient composés de deux chambres. On aurait créé dans toutes les provinces des pairs qui, siégeant dans les assemblées provinciales, auraient député un certain nombre d'entre eux pour former la première chambre des Etats généraux. On avait proposé d'appeler ces pairs *Barons des Etats*, dénomination conforme aux anciens usages et qui, aux yeux de Marie-Caroline, avait le mérite de rappeler les barons de Sicile. Les barons des Etats auraient été choisis par le roi parmi les notabilités de la province, avec cette restriction que la dignité aurait été conférée de droit à certaines fonctions, la question de l'hérédité étant d'ailleurs réservée. Les évêques, les premiers présidents de cour royale, auraient siégé de droit aux assemblées provinciales. Seulement la baronnie aurait été attachée à la place et non pas à la personne. Lors de la convocation des Etats généraux, un tiers ou un quart des barons de province auraient été désignés par le sort, et à tour de rôle, pour former la première chambre des Etats généraux, et le privilége d'y siéger de droit aurait été conféré aux maréchaux de France, aux cardinaux, aux archevêques, aux présidents des cours de cassation et des comptes, aux titulaires des grandes charges de la couronne, réduites à quatre. Pour la composition des assemblées provinciales, on adoptait le principe de l'élection à divers degrés. Un gouverneur choisi par le roi, et ayant sous ses ordres l'intendant général et le commandant des troupes, aurait présidé l'assemblée provinciale, et l'aurait maintenue, au besoin, dans le cercle de ses attributions. Ce n'étaient là que des données générales, il est vrai. Une fois en France, la duchesse de Berry devait confier à des personnages éminents le soin de coordonner les diverses parties de la constitution nouvelle. Mais, aux yeux des conseillers de Marie-Caroline, le point essentiel était d'arriver, sans trop affaiblir le lien commun, à la décentralisation. »

XIX.

Tout homme de bon sens reconnaît aujourd'hui que le département est une division administrative déplorable, surtout dans les conditions nouvelles que nous a faites la suppression des distances par les chemins de fer et les fils télégraphiques. Un préfet peut suffire à trois départements avec moins de fatigues et plus de précision dans l'ensemble et l'exécution de ses actes qu'autrefois à un seul, et dès aujourd'hui, quel est le préfet qui se sert de ses sous-préfets, jeunes gens instruits pour la plupart et de bonne volonté, mais dont on ne se souvient guères qu'aux grands jours des élections? S'ils disparaissaient tous par un coup de baguette, qui s'en douterait le lendemain?

La province croupira et la congestion restera à la tête, et les membres demeureront paralysés, tant que vous n'aurez pas rendu à tout homme légitimement ambitieux les moyens de développer et de satisfaire son ambition dans le cercle administratif où il est né, tant qu'il ne pourra parcourir chez lui, parmi les siens, un certain nombre de degrés d'ambition, dans la magistrature, dans l'administration, dans les lettres, les sciences et les arts; — et qu'il n'ait pas pour cela à chercher appui hors du terroir natal, sans quoi naturellement il le quittera, mais que tout homme ait autour de lui toute l'atmosphère de gloire et de richesse qu'une tête bien organisée peut avoir besoin de respirer, et qu'il n'ait à le demander qu'au seul et libre suffrage de ses concitoyens.

XX.

M. Stanislas de Girardin raconte dans ses *Mémoires*, et l'honnête baron Meneval confirme sincèrement dans ses *Souvenirs*, que, lors de sa visite à Ermenonville, le premier consul « arrivé devant l'île des Peupliers, s'arrêta devant le tombeau de Jean-Jacques et dit : Il eût mieux valu, pour le repos de la France, que cet homme n'eût jamais existé. — Eh ! pourquoi, citoyen consul? dit Girardin. — C'est lui qui a préparé la Révolution française. — Je croyais, citoyen consul, que ce n'était pas à vous à vous plaindre de la Révolution. — Eh bien ! répliqua-t-il, l'avenir apprendra s'il n'eût pas mieux valu, pour le repos de la terre, que Rousseau ni moi n'eussions jamais existé. »

En liant ainsi à celle de Rousseau sa responsabilité révolutionnaire, sa fatalité de fléau de Dieu, Napoléon a prononcé là sur lui-même une parole terrible, et qui ne peut être effacée que par d'immenses bienfaits de sa dynastie à la France et au monde. La France lui a dû, à lui, d'être poussée un moment au plus haut point de puissance qu'elle doive jamais connaître dans l'histoire; mais comme cette puissance a été payée fort cher, et ne nous laisse aujourd'hui qu'un réseau de vieilles chaînes administratives, et dans l'Europe contre nous une animosité jalouse non encore assouvie, nous avons le droit de demander à sa dynastie, en place de la grandeur militaire qu'il n'a su nous faire durable, les dons de liberté et de prospérité civiles que nous lui avions remis en échange.

La France, depuis 80 ans, depuis Rousseau et le premier consul, marche à tâtons dans l'aveuglement, les yeux brûlés par une lumière mauvaise. Voltaire en riant, Rousseau en pleurant de fausses larmes, lui avaient soufflé le vrai flambeau; ou pour mieux dire : du rire de Voltaire la France en est morte, et l'âme sensible de

Rousseau a mis le cadavre de notre patrie dans la liquéfaction où la voilà. Sous prétexte de la rendre à la jeunesse, Jean-Jacques et ses arrière-bâtards l'ont jetée dans la chaudière où Médée fit plonger par ses filles le vieux roi Pelias, et, comme Pelias, au lieu d'être rajeunie, elle est restée morte au fond de la chaudière.

Que la dynastie du premier consul refasse de nous un grand peuple, juste, libre et craignant Dieu, et sera à jamais écartée cette malédiction de l'avenir que le général Bonaparte entrevit en un jour d'effroyable prescience; loin de là, notre pays bénira le fondateur d'une dynastie à laquelle il devra la plus grosse somme de bonheur et de gloire pacifique qu'il soit humainement possible à une nation de demander à ses gouvernants. Que si ce bonheur ne se fait pas, la France n'aura à en accuser qu'elle-même, puisque récimentée sur les plus anciennes bases de sa constitution naturelle, elle n'a su ni conduire ses propres affaires, ni respecter le Dieu qui l'a faite, ni le meilleur ordre que l'on puisse donner aux vertus sociales et généreuses qui firent sa grandeur antique, et que décidément éprise de sa corruption et de son mal incurable, elle veut s'en aller et mourir.

Donc, si j'étais l'empereur, je m'en irais un beau matin d'été, en famille, me promener vers les parages de Bourges. Je chercherais aux alentours une ville agréable, bien tranquille, bien arrosée, bien assise, de dix à douze mille âmes, sans plus, et de là j'écrirais au Peuple français :

« Considérant que j'ai employé vingt ans de règne et tous les trésors de la France à faire de Paris une ville sans pair au monde, ayant cent portes de plus que Thèbes, plus de monuments que Rome, mieux alignée, selon son goût, que Petersbourg et que Berlin, mieux aérée que Versailles, plus grouillante que Londres et que Pékin, plus folle de plaisirs que Venise et que Vienne, plus étincelante que Bagdad, plus verdoyante en jardins que Ninive, plus savante qu'Alexandrie, plus corrompue que Gomorrhe ; considérant qu'ont travaillé sans relâche à l'insolente splendeur de cette cité un million de bras des plus excellents ouvriers et artistes de l'univers, qui y sont venus chercher, pour les reporter en leur pays, les germes de tous les vices et l'appétit de toutes les richesses, et l'oubli de tous les respects, et l'exécration bien ingrate de mon nom ;

Considérant qu'en ce faisant j'estime avoir assez payé à Paris la dette que j'avais envers elle pour les révolutions diverses, grâce auxquelles ma dynastie a pris possession de l'empire ;

Considérant qu'il importe aujourd'hui de donner mes dernières années aux intérêts généraux et véritables de la France ;

Je décrète que Paris est et demeurera le chef-lieu des sciences, des arts, et des plaisirs du monde entier ;

Que continueront à y être entretenues des écoles plus disertes que ne furent celles d'Athènes, et des laboratoires qui laisseront loin derrière eux tous ceux de la docte Allemagne. Les théâtres et les lettres y garderont le droit de pervertir les mœurs au souhait du libertinage universel. La préséance indépendante qu'a New-York dans le monde nouveau, Paris la tiendra librement dans le monde ancien par son industrie délicate et ses charmes de Syrène ;

Mais désormais ne lui appartient plus le droit de disposer, par suprématie absolue, de l'âme et des mœurs et des forces de la France. La France vivra d'elle-même et par sa propre autorité, et par sa propre vertu. La ville que j'ai choisie sera son Washington. Elle y rassemblera, loin du tumulte et de l'oppression des masses passionnées et vicieuses, les représentants des libertés provinciales.

Si Versailles eût été seulement à vingt lieues de Paris, Louis XVI n'en eût point été arraché le 6 octobre ; Charles X et Louis-Philippe auraient eu le temps de savoir si la France avait aussi grand soif de révolution que l'aveugle peuple des barricades, enivré au hasard d'un mot vide, et dont le désordre ne troublera ni le champ qu'il n'a point, ni la famille qu'il n'a guères. Une ville, où les plus bas intrigants de carrefour ont par leur bassesse même et leurs menées à travers les immondes souterrains de l'envie et des haines populaires le plus facile crédit, ne peut exprimer sincèrement la volonté politique d'une nation loyale, dont l'esprit à coup sûr procède par visées moins confuses.

Je déclare donc à dater de ce jour la ville de Paris solennellement déshéritée du titré de capitale politique de la France, transférant ce titre à la ville de....., laquelle, de peur qu'à l'avenir pareille dangereuse croissance ne vienne absorber et usurper l'esprit de nos libres provinces, ne devra contenir ni université, ni cour impériale, ni académie, ni école de droit ou de médecine, ni autorité épiscopale, ni séminaire, ni caserne, ni agglomérations manufacturières, lesquelles institutions, ecclésiastiques, civiles, militaires ou prolétaires seront réparties entre les chefs-lieux de nos provinces, pour y exercer, élever et vivifier les esprits, provoqués, sur leur terroir natal, à une légitime ambition indispensable au bien public.

POST-SCRIPTUM.

Octobre 1870-Février 1871.

Regardez au fond de l'histoire de France : franchement qu'y voyez-vous ? toujours, et encore toujours, la monarchie absolue, tempérée par l'opinion, par certains menus priviléges de parlements provinciaux, et çà et là par quelques coutumes.

Il y a là, en apparence, comme une loi fatale imposée par le génie de notre race pour sa conservation. Dès que vous vous écartez de cette monarchie traditionnelle, désordre et malheur arrivent et la France se trouve tout à coup menacée de sa ruine complète, comme un arbre qui a perdu racine et qui a besoin qu'on le raffermisse en terre. Tour à tour chaque classe de la société française : — dynasties diverses, — aristocratie, bourgeoisie, démocratie, — semble avoir eu à cœur de démontrer au monde son impuissance politique.

Où est aujourd'hui, hélas ! notre forme possible de gouvernement? L'absolutisme, qui a, du prince au peuple, sa sanction dans l'opinion et les coutumes, doit avoir du peuple au prince sa sanction dans la foi et dans l'onction sacrée. Or ce dernier contre-poids fait défaut au peuple comme au prince. L'aristocratie, seule base du vrai gouvernement constitutionnel, témoin l'Angleterre, a toujours manqué d'unité en France et n'y a jamais été que le jouet enfantin ou le garde-du-corps héroïque de la royauté. Nous n'avons jamais eu en ce pays-ci qu'une aristocratie de parade, indigne vraiment d'exciter, au point de vue politique, les colères à grands fracas et à grands massacres des révolutionnaires. Quoique le sentiment envieux d'égalité qui court dans toutes les veines françaises nous fasse répéter à tout propos qu'il est impossible aujourd'hui de songer au gouvernement aristocratique, si la France voulait tout de bon un régime constitutionnel, l'étude logique des systèmes de gouvernement démontrerait fatalement la nécessité d'une aristocratie, et si la volonté sérieuse du pays pesait de ce côté, rien, je vous le jure, ne serait plus facile que d'organiser une aristocratie, et cela du jour au lendemain, je veux dire en moins de vingt ans. Qu'est-ce qu'une aristocratie? c'est, son nom l'indique, le corps organisé des meilleurs citoyens d'une nation. Comment se peut-il organiser? par l'hérédité. L'hérédité seule fait l'aristocratie. Donc, table rase étant faite dès longtemps, on n'a qu'à choisir, par l'élection populaire, les plus illustres enfants de la patrie, soldats, jurisconsultes, cultivateurs, lettrés, savants, industriels, marins, etc., et à leur dire: la nation vous ennoblit; elle vous fait, de père en fils, gardiens héréditaires de sa constitution et de sa fortune. Allez et grandissez avec ses destinées. — L'aristocratie française sera, et elle agira comme si elle avait mille ans, et nulle ne sera plus jalouse que cette aristocratie d'hier des gloires et des intérêts du pays. Je crois même, au fond, que si notre nation garde encore en un coin de sa pensée l'ambition de l'éclat extérieur, nulle forme n'est plus capable de le lui assurer, à condition toutefois qu'elle ne sera point contrariée par l'autorité d'une autre chambre élective et renouvelée, qui lui disputerait l'action et lui saperait son prestige. L'aristocratie, comme je l'entends là, ne serait autre chose qu'un comité de salut public très-étendu et ayant ses racines dans toutes les couches et la superficie du terroir national.

Jusqu'au jour où le faisceau des républiques fera équilibre en Europe au faisceau des monarchies, l'aristocratie que je dis là serait peut-être le seul pouvoir capable de faire respecter la France. On sait par l'histoire de Rome, de Venise, de Florence et d'Angleterre, ce que peut pour la grandeur d'un pays une aristocratie honorée, car l'aristocratie vit de respect comme la monarchie; en France aujourd'hui ce serait son écueil. Ne comptons plus, — c'est chose bien entendue, et qui y pourrait compter après tant d'épreuves malheureuses? — ni hélas! sur les Bourbons de la branche aînée, ni sur ceux de la branche cadette, ni sur des républiques de 48, ni sur des empires de 52. On sait trop ce qu'en dure l'aune, et ce serait éternelle et fatigante matière à des recommencements, énervants pour un pays. La branche aînée des Bourbons est désormais enterrée, au fond du cœur de tous les hommes de bonne foi, dans de si vénérables souvenirs de probité et de vertu politique et religieuse, que, pour saluer avec allégresse leur retour, je voudrais que le peuple français déclarât solennellement à la face du monde qu'il croit à la Sainte Trinité des catholiques et entend se conformer, dans la conduite de ses affaires, aux préceptes justes et austères de la religion de saint Louis. Si vous voulez toujours l'athéisme dans la loi, si vous repoussez la religion d'Etat, soit, ne pensons plus à ceux-là. Vous n'êtes pas dignes d'eux. N'étant pas pieux, je vous le dis, vous ne serez pas un grand peuple; la piété seule pourrait vous refaire jeunes, votre religion portant en elle plus de générosité, de poésie et de charité que l'allemande. Mais enfin, c'est votre avis, cherchons ailleurs.

Les Bourbons de 1815 à 1848, comme Louis XIV et comme Louis XVI, ont fait de leur mieux pour introduire la bourgeoisie dans le gouvernement de la France. La régence de Louis XV, les Jacobins, les républicains de 1830 et de 48 ne l'ont point voulu souffrir, et les bourgeois en qui était la sagesse mais non pas le courage, n'ont point su se mieux défendre que ne l'avaient su faire ces pauvres folles cervelles de la noblesse contre Louis XI et Richelieu.

Allons donc loyalement à la démocratie, mais cette fois à une démocratie durable, qui ne vienne point des rêveries du citoyen de Genève, mais de l'indépendance de notre tempérament gaulois.

Qui dit centralisation dit tyrannie d'une ville. Je ne veux pas plus du despotisme d'une ville que du despotisme d'un homme ou d'une famille. Je n'admets que la tyrannie qu'un peuple entier se fait à lui-même. Peuple, j'en suis, comme l'entendent les vrais démocrates. L'âme la plus héroïque de notre siècle, la plus tendre au faible, la plus inflexible au puissant, la plus inflexible au persécuteur, Lacordaire a dit magnifiquement : « Le peuple est le fond de la société humaine. Il se compose de tous ceux qui travaillent pour vivre, parce que le travail de leurs ancêtres ou le leur propre ne les a pas encore élevés à l'indépendance d'un patrimoine suffisant. Le peuple est le sol vivant de la patrie. C'est de lui que part tout ce qui monte, c'est en lui que rentre tout ce qui descend. Incapable de gouverner, parce que le temps et la science lui font défaut, il a besoin aussi de la vie publique, soit pour ne pas être opprimé, soit pour ne pas se flétrir au contact uniforme des intérêts et des besoins. » (*Conférences de Toulouse*, 1854, p. 176.) — Oui je veux que ce grand peuple là se mêle de la vie publique, mais j'entends qu'il y pèse tout entier.

Une trombe effroyable a bouleversé la France : les villes sont en ruines, les champs dévastés, les étables vides, les greniers brûlés, toutes les familles en deuil, toutes les fortunes en miettes, le plus généreux sang de notre nation a coulé à pleins sillons. Le fléau de Dieu a tout saccagé, tout effondré jusqu'au sable. Y a-t-il encore une France? Les plus confiants se le demandent. — Oui, certes, il en restera encore des morceaux, vaillent que vaillent; mais comment en refaire demain notre belle patrie d'autrefois? Si la misère et l'humiliation qui vont nous être si nouvelles à nous les orgueilleux, les riches, les magnifiques, les fanfarons d'hier, ne nous ramènent pas du coup, sans détour et courageusement, aux pratiques saines du travail austère, à la simplicité charitable du bon chrétien, à la soumission disciplinée du bon patriote; si nous voulons garder quand même cette jolie renommée de danseurs et de flûteurs, de diseurs de riens, de pourvoyeurs de vices, de politiqueurs d'utopies, de disserteurs d'impiétés, de maîtres d'élégances et de plaisirs et de futilités à l'usage des évaporés du monde entier, c'en est fait de nous, et, triste et inévitable destin, les athéniens de Paris recommenceront ceux de la Grèce.

Cette Grèce, à laquelle nous ressemblons tant par notre esprit subtil et léger, par la clarté et la règle de notre goût, par la délicatesse de nos arts, se trouva un jour conquise par le peuple du monde auquel ressemblent le plus nos Prussiens d'aujourd'hui, je veux dire les Macédoniens, race brutale et pauvre et orgueilleuse, et équipée pour une guerre perpétuelle, à laquelle la condamnait, jusqu'à l'épuisement du triomphe, son organisation militaire. Puis vint sur la conquête macédonienne la conquête des Romains, autre espèce de soudards prussiens ceux-là aussi; s'appropriant effrontément comme eux la science et le territoire d'autrui; et la noble Grèce ne s'en releva plus et sa dégradation fut fixée à jamais. Son divin génie créateur avait péri le même jour que son indépendance; mais le brillant de ses écoles, le vaste savoir de ses rhéteurs, de ses philosophes et de ses médecins, la souplesse de ses gymnastes, l'adresse infinie de ses artistes et de ses modistes, et de ses commentateurs, firent deux mille ans illusion à l'Europe, depuis le temps où les beaux esprits de Rome et Horace et Virgile allaient polir leur éloquence aux cours si hantés des professeurs d'Athènes, jusqu'aux docteurs platoniciens d'Alexandrie, jusqu'à l'heure suprême où, des ruines de Constantinople, quelques peintres grecs apportèrent aux Florentins les germes de leur art, quelques savants apportèrent à Venise et à Rome les derniers restes de l'érudition antique. Il y aurait là-dessus un curieux livre à écrire. Ainsi la Grèce vaincue était restée pendant deux mille ans la superficielle maîtresse d'école du monde entier, vieille esclave méprisée, mais bonne encore à diriger l'atelier des choses de luxe pour les nations victorieuses. — Est-ce donc là, mon Dieu, l'avenir de ton peuple de France?

Et à qui la faute? à Paris, je veux dire à Athènes révolutionnaire, car Paris a perdu la France, comme Athènes la Grèce, par les agitations puériles et l'ambition hautaine dont elles ont énervé et disloqué leur pays. Et pourtant malgré les maux qu'il nous a faits, il lui faudra pardonner beaucoup à ce Paris, à cause de ce que, dans de longs mois d'expiation fièrement supportée, ce sybarite aura pâti pour la France. Oui, la France doit aujourd'hui à Paris des honneurs, des priviléges extraordinaires. Pendant que la France se fera Sparte, il sera accepté de tous que Paris reste Athènes, une Athènes toute dévouée à Minerve, Minerve tout entière à sa ville attachée; et s'il manquait cent monuments à cette université universelle des lettres, des sciences et des arts, la France, sans marchander, les lui dresserait tous les cent. Il ne faut pas que dans le monde entier une ville lui puisse être comparée ; mais il demeure entendu que le gouvernement politique de la France ne sera plus là, et cela dans l'intérêt de Paris même, car il est assez acquis désormais que la France, en tant que nation, ne peut plus sous peine de mort être enfermée dans Paris, et pour que Paris dure éternellement, il importe avant tout que la France ne périsse pas.

Dans l'une de ces heures désespérées où chacun se demandait jusqu'où pouvait descendre le malheur de notre pays, un de mes amis interrogea un savant, qui était là, sur la grande question : une nation peut-elle périr et disparaître tout d'un coup? Le savant répondit : Oui ! Il cita les Assyriens, il cita les Macédoniens. Les Macédoniens étaient un peuple guerrier, organisé très-fortement, tout fraîchement conquérant non-seulement de la Grèce, mais de l'Asie, de l'Égypte, très-florissant d'ailleurs, très-attaché à ses rois. Les Romains vinrent et les vainquirent, et voilà que de cette défaite la Macédoine ne se remit jamais. — La Macédoine, c'est vrai, mais non peut-être la France. — Le rôle de conquérant que venait de jouer le Macédonien par le monde, le peuple romain le jouait à son tour et plus terriblement qu'aucun autre. Il n'y avait point place pour les deux, le Macédonien n'ayant d'ailleurs à apprendre à la terre d'autre métier que celui de guerrier; et ainsi quelque jour pourrait bien disparaître la Prusse, alors que la Russie lui aura montré des armes plus puissantes. Mais si la France ne s'abandonne elle-même et se retrempe par l'épreuve que Dieu lui a faite, et qui lui vient si à point avant que ses provinces n'aient été entraînées par Paris au plus bas fond de la corruption, elle peut se créer encore, par certaine transformation merveilleuse, une destinée nouvelle, une dernière fonction, plus noble et plus brillante que les anciennes : c'est, après avoir enseigné les nations, depuis deux siècles, dans les lettres, les sciences et les arts, influence admirable qu'elle venait d'épuiser, d'initier l'Europe à la politique de la justice et de la démocratie chrétienne. Notez qu'elle seule peut accomplir cette grande mission, ayant seule, outre je ne sais quoi de commun à toutes, ce quelque chose d'universellement humain et généreux et dénué de tout égoïsme, que, Dieu merci, les autres n'ont pas.

Et pour nous épurer et nous rendre propres à

cette mission sainte, jamais les plaies et les égarements d'un peuple lui ont-ils été mieux mis à nu? L'enseignement est-il assez rude? La chute assez brusque, assez épouvantable, du faîte aux abymes? Mais aussi la France n'oubliera jamais, ô pieux empereur, Guillaume-Charlemagne, aussi haut que te puissent exalter l'échine courbée de l'Allemagne et les petits rois qui debout sur cette échine, t'ont juché sur leur pavois, la France n'oubliera jamais ce qu'elle te doit de bienfaits!

L'Allemagne a voulu César, elle lui a fait litière de ces franchises de petites patries, de cette indépendance des foyers littéraires qui lui ont valu sa pléiade prodigieuse de génies à la fin du XVIIIe siècle et ses fécondes écoles d'art, de science et de philosophie. César sera notre vengeance. — Nous qui savons ce que pèse la fatale unité, la centralisation funeste, dont la tyrannie n'est que le moindre fléau, mais du sein de laquelle nous avons vu sortir la pâle mort des intelligences, l'indifférence du bien public, la corruption des mœurs politiques, nous devrons au César tudesque le réveil des esprits, l'activité des légitimes ambitions, l'épurement des mœurs, la virilité rajeunie de la pensée et du goût, l'amour renaissant de la probité et du travail, le respect de la famille, et la piété grave rendue aux âmes par tant de deuils et de ruines, la vraie piété chrétienne, à la mode française, ni bigote, ni sèche, ni sournoise comme on nous la montre en Allemagne, mais tendre et ferme à la fois, — toutes vertus qui furent les nôtres, il y a deux siècles. Car nous les avons eues ces vertus sans votre morgue et votre hypocrisie, et le malheur d'aujourd'hui, s'il nous récure à fond, peut nous les rendre demain.

Et pendant que vous vous mirerez dans le clinquant de votre esclavage, nos vieilles cités de province, Rouen, Bourges, Dijon, Nancy, Strasbourg, Caen, Rennes, Bordeaux, Toulouse, deviendront nos Weymar, nos Dresde, nos Munich, nos Dusseldorf. Notre patriotisme y raffermira ses nerfs; notre indifférence blasée y prendra honte de son propre hébêtement. Nous reviendrons de nous-mêmes et à tête raffraichie vers l'étude de ces problêmes éternels et souverains qui sont l'exercice le plus noble de l'esprit des nations. L'Europe a trop oublié depuis Louis XIV de quelle solidité la France est capable quand elle porte au sérieux son génie et ses habitudes, et, qu'à cette heure-là, qui eût voulu eût trouvé plein notre pays, voire sans sortir des environs de Port-Royal, des caractères aussi austères et aussi robustes, aussi prêts à la rigueur républicaine que les fameux compagnons de Guillaume Penn. — Aussi bien, pour nous rendre tout cela, il n'est tel que le bon balayage que vous nous faites de notre luxe, de notre opulence, de nos incertitudes et querelles. Songez que, quoiqu'entreprenne votre rage envieuse, vous ne ferez pas que la France ne soit France, je n'entends pas seulement le pays le plus doux et le plus riant, mais le plus inépuisable, qui reverdoiera demain comme il verdoyait hier. Songez que son paysan est amoureux et passionné du sol et qu'il ne connaît pas la paresse; qu'eussiez-vous, comme une nuée immonde de sauterelles, dévasté et pillé jusqu'à son dernier grain de blé, vous ne seriez pas rentrés dans vos déserts misérables de Poméranie, qu'ici moissons et vignes nouvelles couvriraient déjà plaines et coteaux. Nos villes seules étaient malades, de ce mal de décomposition du sang qu'on appelle socialisme et qui est inconnu ou du moins inoffensif dans les pays libres, où liberté n'est point synonyme d'anarchie et de fainéantise haineuse. Ce mal vous nous en aurez guéris, en remettant le peuple des villes dans des conditions de nécessité de travail qui ne jouent plus avec le bon sens. Nos paysans travailleront, nos ouvriers travailleront, les esprits élevés auront à organiser tout à nouveau la vie publique et politique de la France. Je vous disais bien que nous voilà, pour belles années, du sérieux, du pain de pâte ferme sur la planche.

Vous, pendant ce temps-là, bonnes gens d'Allemagne, vous vous épaissirez et pourrirez dans votre César; vous goûterez à votre tour les amollissements et les amortissements du despotisme. Dans un moment de grossière ivresse et entraînés par un appétit de sauvages affamés et stupides, vers cette proie votre voisine, reluisante au loin, et dont on faisait si grand bruit dans le monde, vous avez, honnêtes barbares, entre la France et vous renversé les rôles. Vous étiez renommés entre les peuples pour une certaine pureté de mœurs; nous étions les corrompus de la terre. Vous venez de purger Paris de ses filous et de ses filles de joie et de ses utopies et de nous condamner à la pauvreté salutaire. Vous aviez, je le répète, de saines petites patries, florissantes par les lettres et l'érudition; nous avions un grand État concentré en une ville gloutonne, ogresse affamée qui dévorait à elle seule toutes les intelligences de la nation; nous avions un gouvernement césarien qui, pour nous conduire plus commodément, avait amolli, énervé, gâté, ongré la France. Vous nous l'avez envié, et vous l'avez à votre tour ce gouvernement de honte et d'affaiblissement qui, pour fonctionner selon son principe, ne peut souffrir de force et d'intelligence que dans une ville et dans une main. Vous avez cru que tout le secret de la domination dans ce monde, était d'avoir un César; mais un César, mes bonnes gens, nous vous l'avouons charitablement pour l'avoir trop bien appris, c'est après un jour de vanité et d'éclat, la guerre et la violence, et la haine des peuples, et l'invasion, et les pleurs des veuves et des mères, et la ruine et la mort. Comment en serait-il autrement? de César aux temps anciens, il n'y en avait qu'un et dont l'autorité couvrait l'univers, hormis quelques peuplades inconnues. César aujourd'hui, deux ou trois méchants rois d'alentour qu'il aura blessés ou humiliés se dressent un beau matin et le voilà à terre, et son peuple est perdu, et si votre terre ne vaut pas la nôtre, en voilà pour des siècles. — Je vous le disais bien : César sera notre vengeance.

10 février 1871. — C'en est fait de Paris, — de la France peut-être. Mais plein de foi dans la vertu de notre terre et dans ce qui reste de sève à nos provinces, nous dirons : la France est

morte; vive la France! Si la patrie eût abandonné au premier gros choc, et sans combattre jusqu'au blanc du sang et sans accepter l'extrême ruine, nos deux chères provinces de la Lorraine et de l'Alsace, c'est alors qu'il eût fallu désespérer, car chacun de nous eût pu se dire : le jour où par surprise l'Angleterre se jettera sur la Normandie, la Bretagne ou la Guyenne, le jour où régénérées, l'Espagne se ruera sur le Roussillon et le Languedoc, l'Italie sur la Provence, nous aurons donc perdu, nous aussi, sans plus de regret, ni lutte de nos forces du Nord et du Midi, ce titre de Français dont nous étions si fiers et qui a coûté à nos pères, quinze siècles durant, tant de sang et tant de deuils, et tant de misères, et tant de guerres et tant de siéges et tant de famines. Que penserions-nous nous-mêmes, si pour deux ou trois rencontres malheureuses, nous nous réveillions un jour sujets vaincus et malmenés d'un implacable étranger, n'ayant de commun avec nous ni la langue, ni la religion, ni les mœurs, ni les souvenirs de l'histoire passée, ni les lois, ni les coutumes, ni les parents, ni les joies ni les douleurs de l'heure présente. Songeons à cet horrible rêve, et pour la grandeur à venir de la France ne l'oublions jamais.

Je le répète et le répète encore : L'Allemand nous aura rendu un plus grand service qu'il ne pense. Depuis cent ans, depuis justement l'acquisition pacifique de la Lorraine, la France n'avait plus de but au-dehors. L'abaissement de la maison d'Autriche qui avait été son idée fixe, le mot d'ordre de tous ses politiques, depuis les guerres de Charles-Quint, et qui avait grandi notre pays par les règnes illustres et fortifiants de François Ier, de Henri II, de Henri IV, Richelieu, Mazarin, Louis XIV, Colbert, Louvois, et du cardinal Fleury, était une tâche accomplie, et n'avait été remplacé par aucun autre but extérieur dans l'instinct de la nation. N'ayant rien à viser au-dehors, nous nous étions pris à nous user et dévorer nous-mêmes, sans dérivatif, dans un hideux échauffement de nos humeurs internes.

Le Prussien, Dieu merci, va nous refaire plus sains que jamais. Nous voilà pour un siècle de guerre étrangère sur les bras. La peine sera grande ; il coulera du sang, il en coulera des fleuves. Mais nous saurons au moins clairement vers quel but nous tendons ; nos esprits malades se réveilleront de leur vague. Nous saurons qu'en refaisant les affaires de la France, nous refaisons par l'abaissement de la race la plus brutale, la plus menteuse, la plus avide, la plus basse, la plus grossière qui ambitionna jamais la suprématie de l'Europe, les affaires de justice de cette Europe entière.

Grâces soient rendues à la Prusse. La France lui devra sa période nouvelle de grandeur rajeunie, de salutaire vigueur, de « magistrature » divine. Adieu les utopies creuses, les socialismes décevants ; la France a dès aujourd'hui sa nouvelle idée fixe, sa raison d'agir claire et précise et palpable et perpétuelle. Bon roi Guillaume, la France mourait de sang corrompu, de fièvre putride ; bon empereur des Allemands, tu l'auras sauvée. Gloire à toi !

Chacun fait semblant de chercher la cause de la maladie dont s'éteint la France et personne ne veut la voir, ne se souciant pas de guérir la malade à ce prix. Et pourtant, après tout, la France vaut mieux qu'une ville. Et si ce n'est aujourd'hui, aujourd'hui même, alors qu'il reste encore un souffle de vie, c'en sera fait ; demain il sera trop tard.

La république n'existe solidement aux États-Unis et en Suisse, ne se prévoit en Italie et en Espagne, n'a fleuri en Hollande qu'à l'état fédératif. Rien n'y doit écraser personne ; et une partie, si grosse soit-elle, n'y doit jamais absorber le tout. Nul ne doit avoir un sentiment plus profond de l'égalité humaine que le démocrate chrétien. Autant j'ai horreur d'opprimer autrui, autant j'ai horreur d'être opprimé moi-même. Si votre république n'entend vivre qu'à la condition que Paris domine tyranniquement la France, votre devise *liberté*, *égalité*, *fraternité* n'est qu'un odieux mensonge. Voulez-vous, toute forme de gouvernement ayant été éprouvée et épuisée en France depuis 80 ans, y essayer loyalement le régime démocratique de la république américaine, — mais la république américaine avec ses vraies et nécessaires conditions de décentralisation et de libertés locales,— et rejeter résolument au panier les vieilles formules usées, violentes, tyranniques, impies et haïssables de votre république de 93, par lesquelles le nom même de la république demeurerait éternellement synonyme de terreur et de guerre civile (1), — je suis votre homme.

1. Et, comme depuis 89, vu le trouble des cervelles, les mots sont tout en France, plut à Dieu que le mot de république, qui effarouche les plus calmes par le souvenir des crimes de 93 et des niaiseries de 48, et qui dévoie les insensés par l'espérance du retour de violences stupides, plut à Dieu que le mot de république, synonyme

Cette république-là, la seule libre, où l'homme honnête reste maître de sa volonté, de sa famille, de son bien, de son travail et de sa foi, n'a rien qui lui répugne. Il n'a point à s'y débattre contre l'arbitraire de vos administrations centralisées. La lumière du bon sens, des intérêts simples, et non des théories faussement philosophiques, philosophiquement fausses, y guide et éclaire la multitude; le lunatique et l'ambitieux de grande ville n'y pèse pas de tout le poids d'un million d'ivrognes crapuleux qui lui sert d'armée formidable. L'homme y est vraiment l'égal et le frère de

de tyrannie, pût faire place à celui de confédération française. Nous voulons du nouveau et du durable, n'usons pas d'un vieux mot défraîchi.

Nous aurons fort à faire pendant quelques mois, et des choses bien nouvelles pour nous : nous brider au respect de l'opinion du prochain; nous violenter à ce point que nous ne l'inquiétions ni dans sa religion, ni dans l'éducation de ses enfants, ni dans l'usage qu'il fera de son héritage; désapprendre l'ironie, cette terrible ironie française qui nous a desséchés jusqu'à l'os; nous contraindre à l'ordre et à la pesante gravité; créer notre esprit libre, créer notre clergé libre, créer nos écoles libres; rebaser de fond en comble notre discipline civile et militaire; refaire par l'étude une armée si sérieuse que les soldats aient foi dans leurs officiers : voilà de quoi nous occuper vingt ans.

l'homme. De cette république j'en suis. Et le jour où cette république sera acceptée de tous en France, chacun déclarant avec franchise renoncer à des espérances ou plutôt à des souvenirs, — dont chacun pourra garder le culte et la reconnaissance au fond du cœur, car ces souvenirs-là sont ceux de l'ancienne grandeur de la France, — il éclatera dans le monde entier une immense acclamation. Un soulagement, comme la France n'en a connu qu'au temps de Jeanne d'Arc et au 9 thermidor, se fera dans tous les cœurs, — pour nous surtout, hommes d'un demi siècle, qui aurons été témoins du plus grand trouble, de la plus incohérente confusion, du plus profond relâchement de foi, et en même temps du cahos le plus désordonné qu'on ait jamais vu dans les idées d'un peuple. N'avons-nous pas pu en effet nous croire arrivés à ces « derniers temps, » prévus par Joel et Isaïe, et dont saint Pierre parlait aux Juifs : « Vos fils et vos filles prophétiseront; vos jeunes gens auront des visions et vos vieillards auront des songes. »

Nogent-le-Rotrou, imprimerie de A. Gouverneur.

www.ingramcontent.com/pod-product-compliance
Lightning Source LLC
LaVergne TN
LVHW020408230826
846091LV00004B/1199

* 9 7 8 2 0 1 2 9 8 0 3 1 0 *